わが闘争

角川春樹

ハルキ文庫

角川春樹事務所

この作品は二〇〇五年六月にイースト・プレスより刊行された『わが闘争　不良青年は世界を目指す』に加筆・修正を行い、特別収録として二〇〇六年十二月弊社刊行の福田和也著『春樹さん、好きになってもいいですか。』より、一篇のエッセイと、「本の雑誌」二〇一五年一〇月号より坪内祐三氏によるロングインタビューを加えて掲載。
★役職などは刊行当時のままです。

力は裸にされた真実である

（ナポレオンの言葉）

構成　荒井敏由紀

わが闘争

角川春樹
KADOKAWA HARUKI

目次

第1章 復活

再生した角川春樹

イカロスのごとく地に落つ晩夏光

（『檻』より）

二年五ヵ月三日間の心境の変化

二〇〇四（平成十六）年四月八日、二年五ヵ月三日間の服役を終え仮釈放《かりしやくほう》となり、静岡刑務所を出所した。刑務所を出てから、いろいろな人たちから、「現在の心境は？」「何が一番変わったのか」などとよく聞かれる。

この二年五ヵ月三日間獄中《ごくちゆう》にあって、自分自身の「魂《たましい》」をじっくりと見つめることができた。

「心」と「魂」は違うものだ。「魂」とは、その人が本来持っている本質的なものであり、どんなことがあろうと変わらない。だが、「心」は状況、環境によって変わるものである。だから、心境というのは、ころころ変わるものだろう。おれの心は、この二年五ヵ月三日の間で、大きく変わった。

おれの「魂」は「スサノオノミコト（素戔嗚尊）」である。スサノオノミコトは、ご存じのように、破壊と創造の神である。これは一貫して自分の中で変わっていない。

ユングは無意識を「個人的無意識」と「集合的無意識」に分けている。そして意識と無意識をすべて総括《そうかつ》するものとして「セルフ（自己）」を想定している。ユングは、「セルフ」を「宇宙意識」とつながるものだと考えている。ユングがいうところの「セルフ」は、おれの考える「魂」とほぼ同じである。

年ゆくや天につながるいのちの緒《を》

一九九八（平成十）年十二月三十一日、青森・八戸の日蓮宗《にちれんしゅう》「輪山会《りんざんかい》」の道場で修《しゅ》行《ぎょう》していた。この日、朝から二回倒れ、嘔吐《おうと》した。この俳句は、その直後に、突然天から降りてきたものだ。

人間は臍《へそ》の緒《お》で母体とつながり、胎内《たいない》で生命《いのち》を育《はぐく》まれる。それを断ち切られてこの世に誕生するわけである。だが、臍の緒が切られても、切れない緒が宇宙意識とつながっている。それが「いのちの緒」であり、「いのちの緒」とは「魂」であり、宇宙意識とつながる永遠不滅なものである。この俳句が降りてきた瞬間、長年考えてきた、宇宙生命、宇宙の謎《なぞ》が理解できた。

「魂」は、刑務所での日々においても、決して変わらなかったものだ。だが、おれが望んだわけではないが、刑務所に入ることによって、自分の「魂」をじっくりと見つめる時間を持てたことは、人生観を大きく変えた。この間に、心境には大きな変化があった。

この二年五ヵ月三日間、ずっと「仏とは何か」と考え続けてきた。そして、「仏とは慈悲《じひ》である」と思い至った。ここにすべてが集約される。「慈悲」とは、慈《いつく》しんで、大きく抱きとめる心、温かい心である。

刑務所の中で毎日唱えていたいくつかの言葉のひとつに、

「我慢我慢の辛抱《しんぼう》は、大きくて強くて温かい心の人をつくるよ」

というのがある。

おれの魂はスサノオノミコトであり、あらぶる「闘う魂」は死ぬまで変わることはない。たとえ肉体がなくなっても、その魂は永遠に続くと思っている。

しかし、刑務所生活の中で、心境として「仏の慈悲」ということに、目覚めたわけである。そこがもっとも大きな心境の変化である。

「慈悲」の心を持って、友情のお返しをする

それでは、「慈悲」の心を持って、これからのおれは、何を大切に生きていこうとしているか。

ひとつは「友情」である。具体的に何をするか。まず、身近には、おれがいない間、会社（角川春樹事務所）を守ってくれた、それどころか、収監《しゅうかん》される以前よりも発展させてくれた社員たちに対する友情である。

出所した翌日会社へ行くと、六階のロビーフロアに社員全員が待ちかまえ、「お帰りなさい」と迎えてくれた。おれの留守を守ってくれていた社員は四十四名。その四十四名に対して、経済的にも精神的にもきちんとお返しをしないといけないと思っている。それがひとつの友情のあり方でもあり、慈悲でもあると考えるからである。

また、二〇〇四（平成十六）年六月二十四日に「角川春樹『復活の日』祝宴会」が開かれた。そこには作家の森村誠一氏、北方謙三氏、瀬島龍三《せじまりゅうぞう》（NTT顧問《こもん》）氏、松原治《まつばらおさむ》（紀伊國屋《きのくにや》書店会長）氏をはじめ、長年の友人、知人など六百名近くの人が来て

くれた。

おれに会うために、あるいはおれを見るために、おれの声を聞くために、そのように大勢の人たちが集まってきてくれたのである。その人たちには、何らかの形で、これからきちんとお返しをしなければいけないと考えている。

おれの中に生まれた「慈悲の心」を友情という形にして、社員や姉・辺見《へんみ》じゅん（作家）をはじめとする、周囲の人間がやりたいことを具体的にお手伝いするということである。

姉の辺見じゅんは、収監中、月に一回の面会、二回の手紙と、励《はげ》まし続けてくれた。この姉のためには、具体的な「お返し」として、辺見じゅん原作『男たちの大和《やまと》』（第三回新田次郎文学賞受賞作）を映画化する。

この映画化については、出所してからすぐに動きはじめた。映画化するには、むろん莫大《ばくだい》な資金が必要になる。単に姉に対する友情というだけでなく、当然きちんとビジネスとして成功させなくてはいけない。

今年（二〇〇五年）は戦後六十年の節目である。大和の鎮魂《ちんこん》（戦艦《せんかん》大和と大和で亡くなった人たちの鎮魂）にふさわしい年だ。

映画ビジネスについては、後で詳しく書くことにするが、もうひとつ姉に対する友情としては、姉が興《おこ》した出版社「幻戯書房《げんきしょぼう》」の会長を引き受けることにしたことがある。正直、姉は出版社の経営については素人《しろうと》である。小さな出版社とはいえ、経営となれば、きちんとしていなければ、成り立たない。その経営をおれが立て直す。

また、長年の友人に河村季里《かわむらきり》（かつて作家だった）という人間がいる。彼の経営する会社の取引口座を、口をきいて取ってあげた。それも友情である。

もともと友情とは形あるものではない。しかし、長年のおれに対する友情に、心だけで返すこともあるが、なるべく具体的な形でお返しをしたいと思っている。

「お返しと仕返しはお早めに」

そんなふうに言うと、「角川春樹は刑務所を出て、ずいぶん情け深い、できた人間になったのではないか」と思うかもしれない。

だが、慈悲の心といっても、すべての人に対して向けられるわけではない。敵対してくる者に対しては別である。

「お返しと仕返しはお早めに」がおれのモットーだ。おれを支え援助してくれた人に対しては、すぐにお返しをするが、敵対してきた場合には、即座に仕返しが発動する。

六月二十四日のパーティには、かつて角川書店時代の部下であった幻冬舎《げんとうしゃ》社長の見城《けんじょう》徹《とおる》にも弟の歴彦《つぐひこ》（角川ホールディングス社長）にも招待状を出した。見城はパーティに来たが、歴彦はあわてて海外に行き、欠席という形をとった。

歴彦はそうした姑息《こそく》な手段をとって、おれを避けた。その態度は、さらにおれに敵対しようとしていると見ることもできる。

敵対してきたときには、武神《ぶしん》としての魂が発動する。立ち向かってくる者たちは、撃破していく。まずは慈悲の心を持って包み込んでいこうとするが、それでも歯向かってきたときには容赦《ようしゃ》はしない。

「慈悲の心」を持つといっても、イエスのように「汝《なんじ》の敵を愛せよ」などといった無限の慈悲ではない。歯向かってきた者までを包み込むような慈悲ではない。そんな甘い慈悲ではないのだ。

人生というゲームを楽しむ

今回刑務所生活を送る中で、自分がもっとも変わったのは、使命感を持たなくなったことだ。正義だとか大義だとか、あるいは経営者としての使命・責任として、会社を大きくしようとか、そういう使命感はいっさいなくなった。それは、使命というものが実は自分を縛っている自縛《じばく》であることに気がついたからだ。

使命とは、人間の観念・想念が生み出したものにすぎない。

たとえば、「会社のために」と思うことであっても、それを使命と感じるか、単なるゲームにすぎないと思うかによって、気持ちはまったく違ってくる。

会社がよかれと思うことを使命だと感じていた時期と、今回、出所してから大きく自分が違うのは、同じ仕事をやっていても、これは自分を豊かにするゲームであると思うようになったことである。

すると、お金というものについての考え方もまったく違ってくる。お金というのは、単にゲームを楽しむためのコインにすぎない。だから、おれの資産の大半は、映画

「男たちの大和/YAMATO」製作につぎ込む。

今、老後のために蓄《たくわ》えておくとか、子供に財産を残そうなどという考えはまったくない。自分の人生自体がゲームなのだから、金はすべて自分のゲームのために使う。

人生自体がゲームであると見えてくるのは、自分を客観的に見ることができるからだ。自分自身の人生をゲームとして楽しむ、こうした人生観を持つようになったこと、これも今回、おれが大きく変わったことだ。

そして、人生をゲームにたとえれば、ここに「角川春樹」というゲームの中の「コマンド」（戦士）がいる。それを見て、操作している「プレーヤー」である、いわば「神である存在の自分」がいる。そのプレーヤーが、おれの「魂」であるスサノオである。

つまり、スサノオというプレーヤーの魂が、「角川春樹というコマンド」を使っているのだ。

刑務所には、「肉体を持ったコマンドの角川春樹」が囚《とら》われていただけであって、「プレーヤー」（魂）であるスサノオ」が囚われていたのではない。

「復活の日」のパーティで、おれはパフォーマンスを演じた。そのパフォーマンスは、プレーヤーのスサノオが、角川春樹というコマンドに命じて、パフォーマンスをさせたわけである。

以前は、「スサノオという魂であるプレーヤー」と「角川春樹というコマンド」をきちんと分離することができていなかった。それを混同していた。それが今はきちんと分離できるようになった。

コマンドとプレーヤーを分けて考えることができたことで、それまで「角川春樹」というものを縛っていた呪縛《じゅばく》が解けた。それまでは、まさに使命感によって、自分で自分に呪縛をかけていた。

そこまで吹っ切れれば、個人資産もすべてゲームのコインでしかない。コマンドが現実の生活の中で闘う上でのツール、すなわちコインにすぎない。つまり、おれはコマンドとしてゲームをやっている。一方でそのコマンドを動かし、見ているもう一人の自分がいる。それがプレーヤーのスサノオである。

刑務所でプライドは捨てた

そのような心境に達するには、今回の刑務所での体験が大きかった。

静岡刑務所ではずっと独房《どくぼう》に入れられていた。作業のときは他の受刑者と一緒である。

周囲からの風当たりは非常に強かった。なぜならば、おれが「角川春樹」だからだ。社会的に地位がある人間、有名な人間が刑務所に入れられると、周囲からの反発を強く受けることになる。

刑務官にしても、普通であれば会うことも話すこともできないような雲の上にいた人間が、自分の支配下に入って、自分の意のままに動かせるようになるわけである。下劣《げれつ》な人間ほど、そうした権力を行使したくなる。

むろん刑務官にしても全員がそうではない。上層部としては、おれがものを書く人間であることもわかっているし、煙《けむ》たい、鬱陶《うっとう》しい存在であっただろう。だから、自分のところに入ったことが煩《わずら》わしいし、できれば早く出てほしいと思っていたことだろう。だが、組織の下にいけば上層部のそんな思惑《おもわく》など通じなくなり、下にいくほどおれに対する風当たりは強くなる。

身近に接する刑務官が発する言葉は、「バカ野郎」「この野郎」「てめぇ」で、名前を呼ばれることがあっても「カドカワ！」と呼びつけにされる。

たとえば、独居房には、カレンダーが貼《は》られていたが、そこに丸ひとつでも書いたら「懲罰《ちょうばつ》」である。はがれそうになった場合でも、「直してください」と刑務官に頼まなくてはならない。もし自分ではがしたと思われでもしたら、それも「懲罰」を食らうことになるからだ。懲罰を食らうと「罰房《ばつぼう》」に入れられ、懲罰を一回食らうと仮釈放が四ヵ月延びる。

さらには、刑務官によっては、ワナを仕掛ける人間もいる。たとえば布団を敷いてその上でものを書いている。すると、「机を置いて書け」と言う。もし、そんなことをやったら、懲罰になるのではないか、「これはワナだな」とピンときた。そこで書くのをやめて寝た。翌日、工場の刑務官に聞いたら、「布団の上に机を置いて書いたら取り締まりだ」と言われた。

ちょっとしたことで揚げ足を取り、当たり散らす。徹頭徹尾《てっとうてつび》いやがらせがあった。

彼らにとっては、受刑者が唯一権力を行使できる、自分の欲求不満の発散相手なのだ。一歩刑務所を出たら、彼らなどは世間の誰も相手にしてくれない。だから、社会的地位のある人間が受刑者として入ってくると、彼らには格好の餌食《えじき》になる。それで発散するしかないとは、いかに人間のレベルが低いかがわかる。

また、受刑者の中には、おれが有名人だということで、親しくなろうと近づいてくる者もいた。しかし、おれから冷たくされて、親しくなれないことがわかると、今度は嫌がらせをしてくる。

たとえば、こちらが止まっていても、わざと身体《からだ》をぶつけてきたりする。あるいは、作業中に、些細《ささい》なことで、やたらにクレームをつけてくる。そんなことは日常茶飯事《にちじょうさはんじ》である。

彼らも外の世界にいたら、おれとは会うこともできない、話すこともできない、別世界の人間である。おれからすれば、本来であれば出会うこともないし、まったく興味もない連中である。

そんな連中に取り囲まれて、このように、刑務官からも受刑者たちからも、ありとあらゆる嫌がらせ、いじめを受ける。「角川春樹」であることで、きつい風当たりになる。だから、はらわたが煮えくり返るような体験もしょっちゅうのことだった。

だが、そんなことでいちいちプライドが傷ついていたら、とても神経はもたない。だから、プライドは捨てていた。いや、もし刑務所の中でプライドなどを持っていたら、生き延びることはできなかっただろう。

吹きだまりであるから、よけいに人間とは、どんなに浅ましいかがよく見える。だから人間について観察眼が身につく。

ドストエフスキーに『死の家の記録』という作品がある。シベリアの収容所に入れられた、人殺しから政治犯までの、さまざまな人間を、冷徹《れいてつ》に観察した記録である。そこでは、そういう人間の愚かさ、下劣さが克明に描かれている。刑務所とは、まさに下劣な人間の世界の縮図である。おれが入れられていた刑務所には、政治犯などはおらず、元やくざ、現やくざなどが多く、四人に一人は刺青《いれずみ》をしている連中だった。

もともと刑務所に入るような人間というのは、きわめて特殊と考えていい。人殺し、強盗、窃盗《せっとう》、傷害、詐欺《さぎ》などの犯罪者たちである。しかも受刑者の四分の一は覚醒剤《かくせいざい》中毒者で、一回目はほとんど執行猶予《しっこうゆうよ》がつくので、刑務所にいる連中は再犯以上で常習者も多い。新人教育では、フラッシュバックの恐怖というビデオを見せられるほどだ。

さらに刑務所内には、「覚醒剤を断ち切る会」や「断酒《だんしゅ》会」などもあった。おれのように大学卒で入っているのは、一割弱、彼らはたいてい脱税や詐欺罪である。まさに人間の吹きだまりなのがわかろう。

そういう環境の中で生活せざるをえなかったら、やはり人間観はまったく変わる。そんな環境の一景を詠《よ》んだのが次の句だ。

刺青《いれずみ》の漢《おとこ》も混じり冬至の湯

九本の指の爪切る寒さかな

受刑者や刑務官からの嫌がらせは、コマンド角川春樹に対するいやがらせとして受け止めた。プレーヤーは、それを客観的に見ている。

刑務所では、自力更生《こうせい》学習という時間があり、その一環として、毎週土曜日にNHKの「プロジェクトX～挑戦者たち～」を見せられた。

　はじめと終わりに中島みゆきの歌が流れる。はじめの「地上の星」、エンディングの「ヘッドライト・テールライト」を聴くたびに、今の自分の環境、そして刑務所から出た自分の姿を想像し、しんみりとした気分になったものだ。

そのときおれは、自分が過去の時間に生きていると思っていた。「今は刑務所にいるが、歌のように、おれの旅は出所前と同じように出所後も続いていく」と。

つまり、自分の「現実」は出所してからにある。その未来から見れば、刑務所の中にいる現在は過去にすぎない。どんなに長くても、満期の四年を過ぎて社会復帰し現実に立ち戻ったとき、ここでの出来事を振り返れば、すべて過去の話になる。

それならば、今のおれは過去の中に生きているのと同じことになる。そう考えたのだ。それが刑務所生活を耐える方法でもあった。

刑務所では、信仰と句作が支えになった

刑務所の中では、「人間とは一体何なんだろう？　どういう生命体なのだろうか？」と絶えず考えざるをえなかった。

人間という生命体に思いをはせたとき、人間を超えた存在、宇宙意識といったものに思いがおよぶ。そして、宇宙意識とは、身近な言葉でいえば、天である。

宇宙意識と結びつくために、朝晩一時間、祝詞《のりと》やお経《きょう》を唱え祈った。朝は六時半起床であるが、五時半に起きて一時間祈る。しかし、声を出してはいけないので、ひたすら黙読するか、人に聞こえないほど小さな声で祈る。それが自分を見つめる時間だ。自分の魂のあり処《か》についての探究と、仏とは何かということを考える。

こうして毎日、同じことの繰り返しの中から、くっきりと自分が見えてきた。

さらに、読書と俳句が支えてくれた。活字への渇望《かつぼう》は強かった。所内では、図書室から、お盆と正月と連休には六冊、ふだんは三冊借りられて、一週間後に返さなければ

ばいけない。だが、漫画が多くて、読みたい本が少なかった。

差し入れてもらえるのは、雑誌を含めて月に三冊である。毎月「河《かわ》」（俳句雑誌・この当時は結社の主宰者《しゅさいしゃ》は母・照子）があるので、あと二冊しか入らない。だから、差し入れられた本は、すべて隅々《すみずみ》まで読んだ。

借りて読む獄書や梅雨の深かりし

俳句は、静岡刑務所では、刑務作業があったので、作業が免除される免業日の土日祝日にまとめてつくった。静岡刑務所でよりも、むしろ、その前に八ヵ月入っていた八王子医療刑務所でのほうが、時間があったので、多くつくることができた。

八王子医療刑務所では、病気療養だから業務がないかわりに、ひたすらベッドにじっと寝ていなければいけない。ものを書いていると刑務官からクレームがつく。

朝と夕方には点呼があるから、俳句を書くことができたのは点呼の終わった後、夕食の後から眠るまでの間だけで、その時間だけは許可がおりた。

獄中では、そうして千五百から二千の俳句をつくったが、そこから選んで編んだのが『海鼠《なまこ》の日』という句集である。

つらい時間ほど長く感じられた

八王子医療刑務所（収監前にガンで胃の四分の三を切り、腸閉塞《ちょうへいそく》も患い《わずら》、二〇〇一年十一月五日に東京拘置所《こうちしょ》に収監された後、十一月十六日に八王子医療刑務所に。二〇〇二年七月十九日に静岡刑務所に移管されるまで）にいたときは、刑務作業がないかわりに、刑務作業をしている同じ時間帯をベッドに横になっていなければならない。ずっと何もしてはいけないので、一日中、ベッドに寝ているだけである。これは一日がとても長く感じられ、つらいものだった。

その点では、たとえどんなにいやがらせを受けても、静岡刑務所のほうがましだった。作業をしていれば気もまぎれ、つらい時間でも多少は早く過ぎていく。

千葉拘置所（一九九三年八月二十八日、麻薬及び向精神薬取締法違反などの容疑で千葉県警に逮捕され、千葉南署の留置場と千葉刑務所の拘置所で一年三ヵ月半の拘置生活を送る）に入れられたときも、作業がなかったので、一日がとても長く、静岡刑務所にいたときの倍の長さに感じたほどである。その点では、まだ刑務所のほうがましだった。

普通の人でも、もし刑務所の中に入るようなことがあったら、外で生活したときの倍の長さで時間がゆっくりと流れるように感じられるにちがいない。今のおれは、普通の人以上に日々忙しく過ごしているので、刑務所にいたときよりも、一日が三倍早く過ぎていく感覚だ。

刑務所での時間感覚は、一日がそれほど長く感じられる。そして長く感じるということは、それだけ苦痛の時間が長びくことにもなる。

それに耐えられたのは、刑務所を出てから何をすべきか、どういう人生を生きるべきなのかを真剣に考えていたからだ。

拘置所のときの心境と、今回の刑務所での心境が大きく違っていたのは、前回は仮釈放がいつになるかがまったく見えなかったのに対して、今回は満期がはっきりしていたからだ。どんなに長くても、満期である二〇〇五（平成十七）年三月七日には、出られるとわかっていた。それに比べると、拘置所では、いつ出られるのか、先が見えない苦しさがあった。

もうひとつ、大きな違いがある。前回は拘置所の中で、角川書店から追い出されるという形で仕事を失い、これから自分は何をしたらいいのかを悩んでいた。それに対して、今回は、出所すれば復帰できる会社があった。これは非常に大きな希望だった。

しかも、刑務所の中でも角川春樹事務所が、成長していく姿を見ることができた。このことは、刑務所生活の大きな支えになっていた。

母の病気と出所の時期

そんな中で、おれは「我慢我慢の辛抱は、大きくて強くて温かい心の人をつくるよ」を口癖《くちぐせ》にして、「我慢、我慢」と自分にずっと言い聞かせてきた。

それができたのは、一刻も早く出所して、母の病気をおれの手で治したいという思いがあったからである。当時、母はすでに呼吸器系の病気で生きるか死ぬかという状態だった。

もし懲罰を一回受けたとすると、出所が四ヵ月延びる。二回やったら刑期の満期まででいなくてはならなくなる。満期まで刑務所に入っていたら、母はもう生きてはいないと予測できた。

達筆な母から、病気のために小学生のような字で書いた「早く『河』の主宰者を受け継いでほしい」という手紙がきていた。だから、模範囚《もはんしゅう》を通して、一刻も早く出所することに集中していた。

母を思って詠んだのが、次の俳句である。

　　母の日の母が遠くで病《や》みにけり

出所して母にパワーを与えることができれば、何とか病気を治せるという自信もあった。母も「春樹がパワーで治してくれる」と信じていた。

おれが出所するのと母の病気の進行とどちらが早いかが大きな問題だった。その意味をわかっているのは、母と姉とおれだけだった。

だからこそ、おれは模範囚を通してきた。本来、模範囚であれば、もっと早く出ることができたはずであった。模範囚の半分近くが刑期が半分過ぎた段階で出られるのである。ところが、刑期の半分で出所することができなかった。もし、半分で出所することができたとしたら、すでに二〇〇三（平成十五）年七月七日頃に出ることができたはずである。

ところが、検察《けんさつ》の横やりによって、それがかなわなかった。検察としては、最高裁まで争ったことで、おれに反省の余地がないとして、何とでも理由をつけて、少しでも刑期を延ばそうとしたのであろう。

はじめは二〇〇三年夏頃に出られると期待していた。しかし、それが実現しなかった。それなら、今度は二〇〇三年の秋頃ではないかと予測した。それもまたかなわなかった。弁護士は「年末までには大丈夫だろう」と言ったが、結局、それも駄目だった。

「この頃には出られるだろう」と何度も予測し、それが実現しないと、まさに永遠に出られないかのような気分になる。せっぱ詰まった状態にある母のことを思うと、その落胆《らくたん》は人に言えないほど深いものだった。

二〇〇三年はむなしく暮れた。このときに、おれの思いを詠んだのが次の句である。

除夜の鐘虚《むな》しく獄に老いにけり

結果的には、二〇〇四（平成十六）年四月八日に出所し、その翌日九日には母に会うことができた。幸い、生きている母と再会することができ、おれのヒーリングで持ち直した母は、五月一日に退院することができた。

そのときのことを母は、俳誌「河」の後記でこんなふうに書いている。

「四月のある日、急に春樹が風のように現れました。私の手を取りヒーリングをしてくれました。不思議とすっきりしました。そして、風のように去っていきました。ほんの一瞬の事です。四月から三か月、もう七月となりました。春樹の胸にすいつけられるようにスーッと胸がだんだん軽くなってきました」

おれの前に敵はいない

出所した後の生活は、さまざまな逆風が吹き荒れることを予測していた。

ところが現実はどうだったか。角川春樹の現実は、戦車をトップギアに入れて走っているような状態だ。ぶつかるべき敵が、みんな道を空けて、おれを通していく。まるで一人で、草原を突っ走っているようなもので、撃破すべき敵がいない状態である。

もちろん、全員がおれを歓迎しているわけではない。しかし、おれが何かをやろうとするとき、その前に立ちはだかってくるような人間などいない。

たとえば、刑務所を出た日に、すぐに取引先の印刷所に電話をかけた。「今、刑務所を出たところだ」と話をして、すぐに印刷代をキャッシュで払うから、五パーセントのコストダウンをしてくれという談判《だんぱん》をした。印刷所にとってのぎりぎりの条件だったはずである。しかし、その申し出を、すべての印刷所が了承《りょうしょう》した。

前に触れたように、その前に拘置所から出たときには、角川書店を追い出されて、自分が帰るべき場所、職はなかった。そのときの状態と比べると、まさに雲泥《うんでい》の差である。

そのときにこう詠んだ。

おだやかに職なき春を迎へけり

ところが今回は自分が帰る場所（角川春樹事務所）がはっきりしていた。これは前回と今回の決定的な違いだ。自分の居場所があるということは、そこからやることがある。だが、それは、「やるべき」という使命感ではない。

生涯不良であり続ける

使命感をすべて捨てて残ったのが「不良性」だ。あらゆる観念の縛《しば》りから脱却《だっきゃく》するという意味である。

「捨てた」という表現をしたが、人間がこの世に生まれてきたのは、もともと使命感などを持つためではない。たまたま生まれ変わり、人間として生まれてきたわけである。

人間は弱いから、正義だとか倫理とか大義だとか、さまざまな観念をつくり出して、それにしがみつき、支えにしているにすぎない。支えがいっさいなくなってしまい、何をしても自由だとなると、その自由に耐えられないのだ。

そして支えとして、職を持つ、お金を持つ、家族を持つというように、いろいろなものを持ってしまうと、いよいよ自由ではなくなっていく。老後に安定した生活を送りたいと思ったら、今持っているお金でさえも自由に使えない。子供に少しでも財産を残したいなどと考えるようになり、どんどん自由ではなくなってしまう。

「不良」に生きるとは、そうした縛りからいっさい自由になることだ。だから、財産はすべておれにとってのゲームのコインにすぎないというのだ。

「生涯《しょうがい》不良」とは、「精神の無頼性《ぶらいせい》」を持ち続けることだ。遊びを含めて、何ものにも縛られない自由な心を保つことだ。

これは刑務所にいたときに、「生涯不良でいよう」と考えたことからの発想である。生涯不良でいて、死ぬまで恋をして友情を大切に生きる。精神の無頼性を大切にしようと改めて気がついた。

若いときからそういうことを言ってきた。長年の友人である武富義夫（日本ユニ・エージェンシー社長）と片岡義男（作家）とは、同年代である。二十代半ばの頃から、「退屈な大人にならない」と約束しあったものである。そのことが、「生涯不良でいよう」ということと通じている。

精神の無頼性、何ものにも束縛されない自由な遊び心、不良性の本質はそこにあると、この二年五ヵ月三日間の刑務所での体験で、確信するに至った。

もともとおれは武神の魂を持っていた。さらに仏の慈悲の心に目覚めた。今、その両方の心を持って、一生恋を続けるような無頼の遊び心を持って生きようと思っている。

第2章

人生を楽しむ

おれの魂

獄を出て花の吉野をこころざす

（『海鼠の日』より）

角川春樹の復活

第1章で述べたように、おれは刑務所から出てきて、すぐに復活を果たした。刑務所での毎日は、復活することを誓っていた時間であった。

「角川春樹」の復活を、自らはっきり意識したのは、まず「角川春樹『復活の日』祝宴会」を開催し、多くの人たちが集まってくれたときである。さらに、映画「男たちの大和／YAMATO」の製作発表にこぎつけたときのマスコミの注目である。

おれは、明らかに以前よりもパワーアップしている。それは自らの中に漲《みなぎ》るエネルギーでもわかる。

角川書店の社長時代、多くの人たちから「カリスマ」と言われてきた。今でもそう言われているが、おれと接する人たちはみな、そのカリスマ性は以前よりも増していると評する。それは、おれ自身がパワーアップしているからである。

ナポレオンは「力は裸にされた真実である」と言っている。つまり、「力」とは、妥協《だきょう》を許さない不屈の意志と勇気を保ち続けることだ。おれは、刑務所の中でも、生命力の炎を守り続けてきた。現実の力としては、社会的な権威や権力がなくなった分だけ、角川書店時代よりも「裸の真実の力」がいっそうアップしている。

すでに述べたように、おれは姉の経営する幻戯書房の会長になった。会社の名前である「幻戯書房」は、父が自宅を「幻戯山房」と称しており、そこからとった。

今、角川春樹事務所のホームページで「小さな会社の会長日記」を連載しているが、これは幻戯書房会長としての日記である。角川書店のような何百人も抱える会社ではなく、ほんの数人しかいない会社である。まさに裸の力が発揮《はっき》される場でもある。

このような小さな出版社は、父・源義《げんよし》がもっともやりたかった形の会社である。晩年の父は、角川書店の経営をおれに任せて、自分は原点に戻って二、三人の出版社をやりたかったのだ。角川書店の原点は、自宅の応接間を使い、社員二、三人でスタートしたものである。父はその原点に戻ろうとしたが、結局それを果たせないままに、一九七五（昭和五十）年に五十八歳の若さで死んだ。

父の果たせなかったことを、姉がやろうとしていた。だから、おれはそれをバックアップする。

言葉の力

魂《たましい》が武神《ぶしん》のスサノオであるから、おれは、つねに前に出て闘う。だから、刑務所にいたときでさえも、前進しようという気持ちは強く持っていた。

その気持ちを持ち続けるために、いつも自らに言い聞かせていたのは「前へ前へ。どんなにつらくとも悲しくとも、いつかきっと道は開けるよ。だから前へ前へ」という言葉である。

「我慢我慢の辛抱《しんぼう》は……」もそうであるが、このように自分を励ます言葉を、たとえ刑務所のように声に出すことができない場所であっても、小さな声で言う、あるいは頭の中で言う。それを口癖《くちぐせ》にすると、その言葉が自分を鼓舞《こぶ》してくれ、積極的な姿勢を生み出すのだ。

「言霊《ことだま》」と言われるように、言葉の力は非常に大きいものである。毎日、それも始終唱えていることによって、それが現実化する。つまり、必ず道が開けてくるのだ。言葉が自分の生き方を導いてくれる。

何か悩んだり壁にぶつかっているのなら、「必ず道は開ける」と信じて、それを口癖にするくらい、頭の中で繰り返したり、声に出すことをすすめる。もし拝む対象を必要とするならば、神前や仏壇《ぶつだん》などを前にして唱えればいい。

おれは獄中《ごくちゅう》にあって、そこもまた聖地と思っていた。『法華経《ほけきょう》』の一節には、「当《まさ》に知るべし、是《こ》の処は即《すなわ》ち是れ道場なり」（まさに知るべきである。この場所は、すなわち道場である）とある。

つまり、どこであれ読誦《どくじゅ》する場所が、仏のいる道場であると念じて法華経を唱えろということである。刑務所に入っていたときには、唱える場所が刑務所の独房《どくぼう》であったから、そこがすなわち修行《しゅぎょう》する道場だったわけである。

今自分がいる場所がどこであれ、そこが修行の道場だということだ。今のおれにとっては、角川春樹事務所の部屋が修行場であり、聖地である。

「おれは神である」——神仏は自分の中に存在する

それでは神仏をどう考えるのか。神仏といえども、自分の外にあるわけではない。

自分の中にしか存在しえない。

神や仏という概念《がいねん》は人間がつくったものにすぎない。それをつくり出したのが人間の「英知」とも言えるし、逆に、つくり出したことによって、自らを拘束《こうそく》することになったとも言える。たとえば宗教戦争などが起こるのは、自分が信ずる神は絶対であり、それ以外は絶対に認めないという考え方に縛《しば》られるからだ。それでは、かえって、神に拘束されていることになる。無知で幼稚ということになる。

おれが祝詞《のりと》やお経《きよう》をあげる前に唱えていたのは、「私はもう知っている。私は絶対だ。私は完全だ。私は神なのだ。私はある」という言葉である。

すなわち、自分の魂がスサノオという神なのだから、最初に「おれは神である」と宣言するのだ。「おれは神である」とは、「自分の中に神がある」ということである。

しかし、もちろん外にも神はある。逆説的に聞こえるかもしれないが、自分の中に神があると同時に、神は外にも存在する。そのことは決して矛盾《むじゆん》するわけではない。外の神と自分の内なる神は一致しているはずである。それが究極《きゆうきよく》の自我だと考えている。

外にある神に祈る前に、自分が神であることを宣言することによって、外の神と自分の内なる神との距離をきちんと保つことができるのだ。

新宗教に限らないが、神が外にあるとだけ信じるから、「宗教という檻《おり》」の中に閉じ込められて、がんじがらめになってしまうのだ。

たとえば太平洋の真ん中、人間が誰もいないところには神は存在しないのである。

つまり、人間のいないところには宗教は存在しない。

人間が移動すると、神も移動する。だから、人間が月へ行けば、月で神の意志を感じたりする。だからだろう、地球に戻って伝道師になる宇宙飛行士もいる。

月や宇宙空間に行くと、人はその創造《そうぞう》の神秘に直接に触れて、クリアーに神の存在を感じる。だが、それは自分の外にある存在として神を感じるからである。

人間にとっての神や仏とは、人間があってこそ存在しているのだ。だから、人間なくして神仏は存在しない。それがおれの神仏観だ。

といっても、もっと広く、宇宙創造神と言われるような、この宇宙をつくり出したような存在は別である。われわれが認識している宇宙のさらに外に宇宙は存在している。その外宇宙には外宇宙でまた、あらゆる生命にかかわりなく存在しているものもあるだろう。宇宙の根本としては、そういう創造神といったものは存在していると思っている。

しかし、宇宙すべての創造神と言えるような、生命誕生以前の存在は、人間の願い事をかなえてくれるような神とは無縁なものである。

人間にとっての神とは、人が存在してはじめて存在するものなのだ。だから、人間が移動すると神もまた移動する。誰も住んでない、人間が行かないところには神仏は存在していない。おれにとっての神とは、そういう存在である。

だから、「おれは神」でもあるのだ。

はじめてのＵＦＯ体験

今述べたようなことを思うようになったのは、これまでの体験からである。

その原体験は、三歳のときＵＦＯを見たことにある。東京大空襲《だいくうしゅう》（一九四五年三月十日未明）の後だったろうか、当時はＵＦＯなどという言葉はまったく存在しておらず、後でそれがＵＦＯだとわかったのだが、ＵＦＯの編隊を目撃した。

今の若い人たちの中には、日本がアメリカと戦ったことすら知らない人がいるくらいだから、東京大空襲などは知らない人も多いだろう。この空襲は東京下町地区を中心として、米軍のＢ29爆撃機約三百機によってなされ、死者十万人、家屋焼失が二十七万戸におよび、東京の下町一帯は、まさに焼け野原になった。

終戦の年、おれは三歳であった（一九四二年一月八日生まれ）。まだ、幼かったが東京大空襲ははっきりと記憶に残っている。

終戦間際《まぎわ》の一九四五（昭和二十）年頃にはしょっちゅう米軍の飛行機がやってきて上空から爆弾を落とす。空襲のときには、家の中の明かりを全部消して、防空壕《ごう》に入らなければならなかった。

当時、わが家は練馬《ねりま》区の小竹町《こたけちょう》にあった。家は高台にあったので、その家の物干し台から、東京大空襲のときには、東京中が見渡す限り火の海になっているのが見えた。練馬区は都心から離れていたので、無事だった。

その頃の記憶では、戦争中は、毎日昼間は高射砲《こうしゃほう》の演習が行なわれていて、ドーン、ドーンという空砲の音が聞こえた。その音が聞こえなくなったことから、戦争が終わったことを肌で知った。

そして、それまで頻繁《ひんぱん》にあった空襲警報がまったく聞かれなくなった。終戦の日は、雲ひとつない青空だった。

それまでは、いつ空襲があるかわからないから、子供たちは、外に出ても家の周囲から遠くには行けなかった。しかし、戦争が終わり、母に手を引かれながら、近所を散歩した。そうした変化によって、子供心に戦争が終わったのを知った。

その一年ほど前、二歳半の頃に富山に疎開《そかい》していた。はっきりと記憶が残っているのは、その頃からである。米軍の空襲のときには、電気を消さなくてはならない。そのとき、立ち上がって、「アメリカの飛行機帰れ」と叫んだことを覚えている。

東京大空襲の後、いつだったかは覚えていないが、わが家に下宿していた学生に物干し台に連れられて、見渡すかぎり焼け野原になった東京の夜景を見ていた。そのとき、空にＵＦＯの編隊を見たのである。

もちろん、当時はＵＦＯなどという言葉もなかったし、三歳の子供だったので空飛ぶ円盤などという言葉も知らなかった。

それを見たとき、爆音がしないので、最初は、米軍の新兵器だと思った。見ていると、米軍の飛行機とはまったく違う美しい形をしている。後から思えば、母船といわれている葉巻型のＵＦＯが七機、その周辺には灰皿を二つ重ねたアダムスキー型といわれている円盤も見えた。さらには星のように真っ白い光を放っているものが、真っ赤な光を放っているものと白い光線でつながっている。それらが西の空から東の空へと移動していく。

それらを見たとき、幼いながらも、米軍の飛行機ではないことがわかった。UFOが去って行ってから間もなくのことであるが、成人に達したおれが一人でロケット(当時はロケットという言葉も知らなかったが)のような乗り物で、宇宙を星から星へと移動しているビジョンが鮮明に見えたのだ。

おれはたった一人で宇宙を彷徨《ほうこう》している。乗っている宇宙船が空を漂《ただよ》っているというのはわかっても、宇宙という言葉も知らなかったにもかかわらず、である。そのとき、幼い子供ながらに、おれは独りぼっちの寂寥感《せきりょうかん》、孤《こ》独感《どくかん》をひりひりとするほど感じた。

それは、頭の中で瞬間的に見えたというよりも、かなり長い時間、といっても一分間程度だったろうが、映像としてははっきりと目に焼きついた。

そのビジョンは今でも鮮明《せんめい》に覚えている。不思議なことに見ているおれは三歳の子供なのに、宇宙船のようなものに乗っている青年の姿がはっきりと自分だとわかっている。そのとき、これが自分の未来の姿だと直観したのだ。

そのビジョンが再び甦《よみがえ》ってきたのは、三十三歳のときである。一九七五(昭和五十)年、「野性号一世」で、釜山《プサン》から朝鮮海峡《かいきょう》を渡るときに、対馬《つしま》を目にした瞬間、三歳のときの宇宙船から目にした地球のビジョンが甦ってきた。

それは七月二十一日のことである。このときのことを『わが心のヤマタイ国』で、こう記している。


午後十二時十分、一人が叫んだ。

「対馬が見えるぞ！」

近眼の私は、思わず双眼鏡をしっかりと目に押し当て、息をつめた。見える！　対馬が見える！　淡いブルーを溶かしたような対馬の島影が、金色の波の彼方に浮かんでいる。なんと美しい島だろう。熱く突きあげる感動が、胸の中で勢いよく広がっていく。古代、洛陽《らくよう》の都から帰った倭人たちは、どんな思いでこの対馬の島影を見たのだろう。


まるで魔法のように、一瞬にして対馬は光の紗幕《しやまく》の中に消えてしまった。

それはまさに三歳のとき、宇宙船に乗っている大人のおれが地球を見たビジョンと重なっていたのだ。対馬を目にしたときには、涙が流れた。それは、いずれおれがこの地球を去って行かなくてはならない旅人であるという思いとも重なったからだ。

また、その後のことであるが、眉村卓《まゆむらたく》さんの原作『時空《とき》の旅人』(一九八六年)をアニメーション映画として製作した。その映画を見たときも、三歳のときの記憶がまざまざと蘇《よみがえ》り、まさしく「時空の旅人」だと実感した。

その後のUFO体験

もの心ついてから、UFOを見たのは、高校三年の頃のことだった。当時、國學院《こくがくいん》大學《だいがく》久我山高校に通っていたが、早稲田を受験するために受験勉強をしていた。

高校時代、剣道部だったが、受験勉強に疲れると、木刀としては用をなさなくなった木刀の刃の部分を持って、逆さまにしてバット代わりに振り回し、石を投げては打って気晴らしをしていた。

きちんと当たれば、石は前に飛んで行く。あるとき、木刀の上をこすって、石が真上に飛んでしまった。落ちてくる石にぶつからないように、石の飛んだ方向を見上げた。そのときに、アダムスキー型の円盤が至近距離に真上に浮かんでいたのを見た。ジュラルミンの灰皿を二つ上下に重ねたような形の間の部分には、いくつも窓があり、それがはっきりと見えた。

それまで三歳のときに見た円盤のことを思い出すことはほとんどなかったが、あのときに見たのは、幻覚《げんかく》でも幻視でもなかったと、はっきりと自覚した。「やはり、空飛ぶ円盤というのは、間違いなく存在する」と。

さらに後年見るようになったのは、角川書店の社長になった三十三歳以降のことである。まだ新社屋が建つ前の本社ビルであったが、夕方の四時頃、トイレに行って小便器の前に立ったとき、どこからか「目の前の窓を開けるように」という声が頭の中に直接聞こえてきた。

その声に促《うなが》されるように窓を開けると、今東京ドームが建っているあたり（かつて後楽園球場があったところであるが）の百メートルほど上空に球場の四倍ほどの大きな飛行船のようなものが浮かんでいる。

驚いて編集部の男たちを呼んで、男子トイレの窓から覗《のぞ》いた。女性たちは男子トイレに入るわけにはいかないので、玄関のところに見に行った。

大型の飛行船の周囲には小型のUFOが何機も飛んでいて、そこに離着陸している。どうやら、大型の飛行船は銀色で、いわば母船――空母のようなものらしい。母船は真ん中が膨《ふく》れたパンケーキのような形をしていた。その母船から小さな円盤型のUFOが赤い光を放ちながら、出たり入ったりしている。

みんな呆然《ぼうぜん》とそんな光景に見とれていた。これはテレビニュースや明日の新聞などにも取り上げられて大騒ぎになるだろうと思った。さっそくテレビをつけたが、そんなニュースはどの局でもやっていない。また、翌日の新聞にはそんなことは何も出ていなかった。

社内の人間の十名近くは、この光景を目《ま》の当たりにしている。

その二日後にも、やはり夕方であったが、同じように呼ばれた。このときは、母船ははじめの大きさの半分程度で、出入りしている周囲の小型の円盤は赤い光ではなく白い光を放っていた。このときも、はじめと同じくらいの社員が目撃している。

その後、何百機というUFOの編隊を見たこともある。

ハワイで宇宙人と交信した

また、ハワイのマウイ島のホテル「シェラトン」のバルコニーで、宇宙人とコンタクトしたこともある。このときは、コカイン事件の共犯とされた女性と一緒だった。この滞在中は毎晩のようにUFOが現われていた。

ある日、「アラモアナ・ショッピングセンターにある石屋に行け」という声が頭の中に聞こえた。そこで、翌日、アラモアナ・ショッピングセンターへ行ってみた。たしかに、水晶《すいしょう》など半貴石《はんきせき》がいろいろ置いてある、宝石屋というよりも石屋と呼ぶような店があった。

その中に、オベリスクの形をした水晶の棒があった。どうもメッセージは「これを買え」という意味に思えて、その棒を買った。

その日、夜の空に現われたUFOに向かって、このときは目をつぶって「この水晶のオベリスクに、メッセージを入れてくれ」と言った。すると円盤がチカチカと光ったのである。

こちらはまだ半信半疑だったので、「本当に、ここにあなた方のメッセージを入れてくれたのか。イエスなら、合図をしてくれ」と念じると、またチカチカとした。

ハワイに同行した女性がそんな様子を見て、不審そうに「何をやってるの?」と聞く。

「今UFOと交信をしているんだ」と言うと、「何をバカなことを言ってるの!」と、まったく信じない。

そこで、水晶のオベリスク状の棒を持って「証拠を見せてほしい」と言うと、目の前に、突然、アダムスキー型の円盤が回転しながらこちらに向かってきた。円盤の底には三つの回転するものがあって、それが赤、青、黄の三原色に光り、底部をこちらに向けるように近づいてきて、遠ざかって行った。彼女は「あっ、本当だ」と、呆然としていた。

さらに、オベリスクを持って彼らと交信したのである。二人ともオベリスクを持ち、目をつぶっていた。すると頭の中に彼らのビジョンが入り込んできた。後で、そのときのビジョンを描いてみると、二人とも同じような絵になったのだ。

それは円盤の中にいる七人の宇宙人の姿だった。彼女の絵は下から彼らを見上げるような形であったが、おれのは少し見下ろす形になっていたのが違ったところである。

一人ひとりから感じられる精神エネルギーが非常に強く、常人を超えて、弘法大師《こうぼうだいし》空海ならば、これくらいのエネルギーがあったのではないかと想像するほどだった。リーダーらしい宇宙人は、他の宇宙人よりもずっと強く、倍の精神エネルギーがあるように思えた。

円盤の中には、機械類が見当たらなかった。中心に柱のようなものがあって、その内部には水晶のような玉があり、どうやらそこに精神エネルギーを集めて、それを動力にしているのではないかと思われた。

彼らが伝えてきたメッセージは、「地球の人間にコンタクトしてくる宇宙人には、気をつけてくれ、危険だ」ということだった。

つまり、この地球に非常に関心を持っている宇宙の生命体がいる。そして彼らは地球に至近距離まで近づいて地球人に接触するというのだ。

おれが「きみたちだって、現実にこうしておれとコンタクトしているじゃないか」と聞くと、彼らは、「実際には、われわれとあなたとの間の距離は相当離れている。まさか、チャンネルがつながるとは思っていなかった」と言うのだ。そして「われわれは至近距離まで近づいて地球人と接触しようとする生命体を監視《かんし》している」と。

彼らに「きみたちを神と思った地球人はいたのか？」と聞くと、「古代の人々の中では、われわれを神と勘違《かんちが》いをした民族もいる。だが、われわれは神ではない」と、はっきりと答えた。

こうした会話はテレパシーでのやりとりである。彼女はビジョンは見ることができたが、交信まではできなかった。そのときの水晶のオベリスクは、今もわが家にある。

宇宙人と接触できたのは、そのたった一回だけである。横尾忠則《よこおただのり》さん（画家）は、何度も体験しているという。横尾さんに言わせると、銀河系では、宇宙生命は、二つの勢力に分かれているという話である。そういう話を聞くと、地球に接触してくる生命体を監視していると言った彼らの言葉が理解できる。

そして、横尾さんが言うには、どこの星の宇宙人かは忘れたが、「ある星の宇宙人は角川さんに非常に関心を持って、見ていますよ」ということであった。それが、三歳のときに、UFOを見た理由かもしれない。向こうがおれに関心があるから、おれだけに見える（一緒にいる人間にも見えるが）のかもしれない。

宇宙の中の知的生命体――宇宙人というのは一種類だけではなく、いろいろな星に数多く存在するのだろう。

しかし、刑務所にいたときは、窓の外にはすぐに建物がある部屋で、ほとんど空を見ることもできなかった。だから、その間はUFOを見ることはできなかった。だが、出所してからはお盆の頃に見た。そのときは女性と一緒だったが、その女性も見ている。彼女ははじめてUFOを見てびっくりしていたが、おれに「UFOを見せてもらってありがとうございました」とお礼を言っていた。

おれと一緒にいれば、UFOを見ることができる確率が高くなるのだろう。もちろん、人によっては一人でいても見ることができる人もいるだろう。また、一度見ると、また見られるようになるということもあるようだ。

おれは歩く神社である

このようにしばしばUFOを見たりするのは、おれに強い精神エネルギーがあるからだ。たとえばそれぞれの神社には神木《しんぼく》がある。神木はたいてい二百年以上のものが多い。

この神木のパワーがどのくらいなのか、おれなりのやり方で測ったことがある。すると、だいたい半径百五十メートルに届くくらいであった。それはほぼ神社の境内《けいだい》の中を覆う程度の範囲である。つまり、それぞれの神社の神木は神社内にそのパワーの影響を与えている。だから、神社の境内を出てしまうと、そのパワーは届かなくなる。

自分を「歩く神社」のような存在だと思っている。つまり、おれが移動すると、そこに一種のおれの精神パワーの領域ができる。一緒にいる人たちが、UFOを見たり、あるいは、天狗《てんぐ》や龍《りゅう》や鬼《おに》を見るなど、さまざまな心霊現象を体験したりするのは、おれのエネルギーの波動の影響を受けるからだ。

台風にしても、おれがいればそこは避けて通る。昨年（二〇〇四年）十月九～十日におれは仕事で仙台に行っていた。そのとき、東京を台風が直撃した。もし、おれが東京にいたら、台風は直撃しなかったはずだ。

このように、おれの周囲にいると、頻繁に超自然現象といわれるような体験をする。実際、角川春樹事務所社長の大杉明彦は、さんざん体験しているので、おれと一緒にいて、超自然な体験をしても、まったく驚かなくなっている。

おれのパワーは自然現象にも影響を与える。おれのようなパワーを持っている人間は、おれ以外にもいるのだろう（おれ自身は会ったことはないが）。

超自然現象をいくらでも体験しているが、恐ろしいと思ったことは一度もない。好奇心はあっても、どうも恐怖感というのは欠落しているらしい。それも、おれのパワーが大きいからだろうと思う。

［編集部注：大杉明彦氏談「一九八六（昭和六十一）年のことですが、一緒に天河《てんかわ》から弥山《みせん》に夜登ったとき、途中でUFOを見たことがあります。山の尾根《おね》からものすごいスピードで何度も上ったり、降りたりしていました。夜だったので、形は見えなくて、光の点のようなものでした。明らかに飛行機の動き方ではなかったんです。UF

Oを見たのはその一度です。また、これはUFOではありませんが、一緒にいて不思議な体験をしたのは、那智《なち》の滝《たき》を拝んでいたときに、その中に観音様《かんのんさま》が見えたということがありました。これは一緒にいた別の人間も見ていますね」

武富義夫氏談「私は長年のつき合いなので、一緒にいることが多いが、私は一度もUFOを見たことがない。一度など、彼がUFOを見て、私を呼んだのだが、私が行くと見えなくなってしまった。彼は『おまえがいると、見えなくなる』と言っている。私は超常現象などとまったく縁がないようだ。彼と一緒にいても不思議な体験はしたことがない」

この星に遊びに来た

おれという存在は、他の人間と比べるとかなり異質であるのかもしれない。

三歳のときに見たビジョンは、そのことを知らせてくれるものだったのだろう。自分の生まれ故郷は、この地球ではなく、たまたまおれは「この星に遊びに来た」だけだという思いがずっとあった。そして、おれの故郷とは、宇宙のカオスではないかと。

カオスとは混沌《こんとん》状態で、そのカオスが固まって星になる場合もあれば、逆に、星が死滅してカオス状態になった場合もある。おれの場合には、宇宙の中のまだ星になりきれていないカオス状態のところが、魂の故郷ではないか、と感じている。

だから自分が何かを完成して死ぬことはないのかもしれないという思いにかられることもある。

昨年(二〇〇四年)の正月、刑務所でも正月休みがあるが、そのときにゆっくりと考えて、自分でも明確にいろいろなことがわかってきた。

自分はいずれこの星を去る運命にある。自分がこの星に生まれたのは、使命を持ってのことではなく、単にここでの人生を楽しむ、遊ぶために来たこと、そして、またいずれ宇宙に戻って行く。使命があるというのは思い込みであって、正義も大義もなく、ただここでおれは人生を楽しんで、また宇宙に帰っていくのだと。

そして自分の魂を見たことがある。一番似ているのは青いトパーズの色であるが、さらに深い青みを帯びた透明で、おれの魂は完全な球体である。その魂はどういう役割があるかと考えたとき、自分の魂は無限に透明で純粋で、やさしいものだとわかった。

そのやさしさとは、キリスト教の「愛」ではなく、仏教の「慈悲《じひ》」に近いと感じたのだ。そこで、おれはすでに述べたように「慈悲」という言葉を使うようになった。

元日や塵《ちり》美しき日のひかり

それまでも考えてきたことだが、今ひとつもやもやしていたことが、きちんと整理された形で、後半生の生き方について、すべて回答が出たわけである。

そのときに「生涯《しょうがい》不良」を通すという、後半生の生きる指針を得たわけである。冒頭に出所してからの心境を述べたのは、その正月の三日間で徐々にわかってきたことである。

それは積極的に、使命感、正義、倫理《りんり》、宗教などを超えるということである。そのためには何ものにも束縛されない「無頼性《ぶらいせい》」しかないのだ。

その原点は三歳のときであり、そこからはじまって、刑務所の中で昨年一月八日に六十二歳の誕生日を迎える直前に、自分の生き方、そしてすべてが明確になり、自ら得た者という意味で、「自得者《じとくしゃ》」となった。

全脳細胞の覚醒を願う

三歳から六十二歳まで、六十で還暦《かんれき》といわれ、一回りするわけであるが、一回りしてもう一度人生を生き直すのだから、まさに再生である。その再生の儀式が刑務所の中であったわけだ。還暦の日、獄舎の中で詠《よ》んだのが次の俳句である。

還暦の春樹《はるき》と申す海鼠かな

おれの再生は、脳細胞の活性化ということにも現われている。

人間は脳の数パーセントしか使っていないと言われている。それは使えないと思い込んでいるからである。しかし、今おれの脳細胞は、どんどん活性化してきている。

それはおれが、「全脳細胞覚醒《かくせい》あらずんば、死を」と願い、天と対峙《たいじ》したからだ。

昨年（二〇〇四年）の七月七日（六日深夜）に、日本刀の刀身を首に当てて、神前で祈った。その場には、全インド密教協会から「キング・オブ・ヨーガ」の認定証をもらった唯一の日本人であるヨガリストの成瀬雅春《なるせまさはる》さんなども同席して念を送ってくれた。角川春樹事務所の社員も立ち会い、周囲の人たちも、おれが「生還してほしい」と祈ってくれた。

おれは命を賭《か》けて、自分の全脳細胞の覚醒を願った。そして、おれは生還した。

［編集部注：大杉明彦氏談「角川が手術するときに、手術室に二度立ち会っています。生々しいものだと思っていたのですが、非常に神聖な感じがしたんです。この日本刀を当てて祈願したときも、立ち会っていて緊張したというよりも、それに近いような神聖な感じがしましたね」］

もし全脳細胞が一度に活性化したら、たぶん発狂してしまうだろう。今のおれは徐々に活性化している。常人が数パーセントしか活性化していないとしたら、今、おれの脳細胞は二〇パーセント近く覚醒している。

一〇パーセント覚醒している世界と二〇パーセント覚醒している世界とでは見える世界が違う。しかし、一〇パーセントではそれがわからないのだ。刑務所の中で、神に念じていたとき、おれの脳細胞は一二～一三パーセント覚醒した。そのとき、自分ではそれまで見えていた世界と違う世界が開けてきたと感じた。だが、二〇パーセント覚醒すると、さらに世界は違って見えている。

刑務所内では、脳細胞の活性化をいかに願っても、限界があった。というのは、自分の内面から扉《とびら》を開こうと思っても、開かない。取っ手は扉の外にあって、向こうから取っ手を引いてくれなければ、それ以上は開かないのだ。その取っ手を引いてくれるのが「天」である。

だから、自分の脳細胞をそれ以上活性化させようと思ったら、天と談判《だんぱん》して開けてもらうしかない。刑務所では、天と対峙することができなかったからだ。

だが、出所して、おれは自分の命を賭けて天と対峙して、全脳細胞の活性化の扉を開いた。自分のそれまでの頭の働きが、脳細胞のほんのわずかしかなかったとはっきりと自覚したのは、刑務所の中でのことである。それを自覚したからこそ、活性化することができた。

今は脳がフルに回転しているのを自分で感じる。脳細胞の三〇パーセントが活性化したら、おれはさらにパワーアップした「角川春樹」となる。そのパワーは徐々に現実をも変えていくはずだ。

死と宇宙

これまでの冒険（ことに一九七六年から八七年にかけて、タイ、ビルマ＝現ミャンマー、ラオスの国境地帯、黄金のトライアングルと呼ばれるアヘン産地を何度も取材したときなど）においても、死病に瀕《ひん》するなど何度も死に直面してきた。だが、おれにとって「死」とはカオスに戻ることでしかないということはすでに述べたとおりだ。だから、死ぬことはまったく怖くない。

それでは、「死」とはどういうことか。人間はみんな自分が死ぬと思っている。あるいは、人の死を身近に見て、自分にもいつか死が来ると思っている。

だが、本当にすべての生命体にとって「死」は絶対的にあることなのか。それは、人間がそういう概念《がいねん》をつくりあげているにすぎないのではないか。おれにはそういう疑問が根強くある。

というのは、タオ（仙道の道）では、「白日昇天《はくじつしょうてん》」といって、昼間天に昇《のぼ》るという意味の奥義《おうぎ》がある。これは自分の肉体を分解してエーテル体にしてしまうことである。

そしてある時期になったら、エーテルを集めて、また肉体を持った人間に戻る。すると、永遠の生命を持つことができるというのだ。それが仙人になることで、仙道の奥義である。

それをできると言っている仙道の専門家の盧勝彦《ろしようげん》という人がいる。あるとき、おれは彼に「勝負をしないか」と申し出たことがある。そのとき、彼に「私は白魔術しか許されてませんが、角川先生は白魔術も黒魔術も両方使えるんで、勝てません」と言われ、やんわりと逃げられた。彼にできるのだったら、自分にもできないことはないと思ったのだ。

実際に盧ができるかどうかわからないが、そういう話がある。また「ヒマラヤの神人」という何百歳と言われる人がいるという話もある。

そういった話を信じるかどうかは別であるが、この世から姿を消すことがすなわち死とは限らないのではないか。

病気でも戦争で殺されるといったことでも、何らかのかたちで肉体が壊れれば、それは肉体的に死ではある。しかし、ある日突然、神隠しのように、消滅してしまうということもあるかもしれない。白日昇天のように、エーテル体になって突然消滅してしまうということもありえないことではないと思えるのだ。全脳細胞の活性化を願っていたときに、ふと、自分の肉体がこのまま消えてしまうこともあるかもしれないと思った。

ただし、おれの場合、たとえ昇天してしまったとしても、この地球には未練《みれん》がないので、ここにはもう戻ってはこない。たとえ輪廻《りんね》転生しようとも、おれは地球上には、二度と生まれることはない。

あえて自分自身の理想の死に方を言うとしたら、夢と志を追求する日々の中で、暗殺されることをも含めた突然の死である。

宇宙ということに触れておくと、こんな体験をした。

さきほど述べた成瀬雅春さんの瞑想《めいそう》は素晴らしく、現在、人間が認識し得る宇宙のさらに外宇宙、その上の宇宙の根源にまで達している。

あるとき彼の宇宙の根源についての講演を聞いたことがある。そのとき「宇宙の根源にも意志を持った存在があるのではないか」と質問したところ、彼は言葉に窮《きゅう》してしまった。

その瞬間に彼の脳にアクセスしたところ、雲ひとつない真に透明な青い空間に、まるで太陽のような光輝く存在を垣間見《かいまみ》た。その存在はたしかにある意志を持った宇宙の創造主で、一切の生命とかかわりを持たない、神という人間の概念とはかけ離れた存在そのものであった。その存在には、人間の祈りなどはまったく通じない。しかし、明らかに宇宙を在《あ》らしめている物質であった。そのことを、後日、成瀬さんと話したら、「その通りだ」と言っていた。

このような話を理解できる人間がどれほどいるかはわからない。しかし、ヨーガの瞑想《めいそう》で達した彼とおれの心境はかなり近いようである。彼から贈られた著書の『仕事力を10倍高めるヨーガトレーニング』には、「人生を楽しもう！」と書いてあって、おれの心境と同じなので、驚いたほどだ。

そこで、何度も述べているが、「生涯不良」ということに結びつく。今、「座右《ざゆう》の銘《めい》は？」と聞かれると、「生涯不良」と答えて、色紙などを頼まれると、そう書いている。

角川書店時代には「朝令暮改《ちようれいぼかい》」だった。それは、自分の考えはくるくる変わるから、今朝言ったことでも、別のことを発想すれば、夕方には考えが変わる。「朝令暮改」というと、悪いことにとらえられがちだが、そんなことはない。一度決めたからといって、それに縛られて改められないのは、新たな発想が湧《わ》かないか、ただの頑固《がんこ》だ。おれの言う「朝令暮改」は何ごとにも縛られないことだ。

社員に対する指示はくるくる変わったから、社員たちは混乱したかもしれない。今のおれは以前よりももっと自由になっている。朝令暮改どころか、今言ったことさえもすぐに変えるかもしれない。それは脳細胞が活性化して、次々と新たなアイデアが湧き出てくるからだ。

第3章

角川家の葛藤

父との確執、母の死、弟との訣別

石蕗《つわ》咲くや父の遺《のこ》せし母とをり

（『海鼠の日』より）

母・照子の死

小さな会社の会長日記（二〇〇四年八月三十一日付）に、母・照子の死のことを次のように書いた。

八月九日、母・照子が急逝《きゅうせい》した。折しもその日は、姉・辺見じゅんの原作による映画「男たちの大和《やまと》／YAMATO」の記者会見が、赤坂プリンス・ホテルで行なわれた。さる六月二十四日に行なわれた、「角川春樹『復活の日』祝宴会」に体調不良のため出席できなかった母は、映画における私の復活の日を、誰よりも楽しみにしていたのだ。

この日の三日前の八月六日に、「河」の運営委員会が荻窪《おぎくぼ》で行なわれ、編集を含むすべての、「河」の方針をとり決めたばかりだった。母は、「河」の運営のすべてを私に委譲《いじょう》し、第一線を引くことになった。

母の死は、母にとって幸福な幕切れとなった。戒名《かいみょう》は「慈顔院釈尼照耀《じげんいんしゃくにしょうよう》」。

戒名のとおり、母は慈愛《じあい》の人で、誰にとっても太陽のように周りの人を照らし続けた。また、不良息子の私を、誰よりも深く愛してくれた。刑務所に収監《しゅうかん》される前の私は胃ガンと腸閉塞《ちょうへいそく》の手術後の約一年間、荻窪の母のもとで療養《りょうよう》することになったが、ようやく戻ってきた不良息子を、いかにも嬉《うれ》しそうに迎えてくれ、毎日を楽しんでいた。母に甘えることが、結果として、親孝行だったような気がする。

仮通夜《かりつや》、本通夜、密葬《みっそう》、告別式の間、一度も私は涙を見せなかったが、「俳句界」の山口亜希子氏に仮通夜の日に生まれた次の句を携帯電話で告げたとき、思わず絶句し、言葉が続かなかった。

遺《のこ》されて母の扇を開きけり　春樹

母恋へば母の風吹く蚊遣香《かやりこう》　春樹

母の句で、すぐに思い出されるのは次のような句だ。

新巻《あらまき》の塩のこぼれし賑《にぎ》はひや　照子

寒昴《かんすばる》幼き星を従へて　　照子

故・山本健吉先生が、源義《げんよし》でも、春樹でもない、嫋《たお》やかな叙情《じょじょう》と言ったことが、母・照子への最大の賛辞ではなかったか。

二句目の寒昴は、十八歳で自裁《じさい》した娘・真理への追悼句《ついとうく》だが、息子として、真理を愛した兄として、私の胸にひびく。

夜空を照らす昴こそ、母・照子そのものではないのか。私は母の忌日《きじつ》を、「昴《すばる》の忌《き》」と提案したい。「河」の同人会長の吉田鴻司《よしだこうじ》氏は、父・源義の命日を、「秋燕忌《しゅうえんき》」と名づけたが、この命名は素晴らしい。

「昴の忌」が歳時記に載るとしたら、「秋燕忌」に負けない作品を、残された「河」衆が作るしかないだろう。

生みの母親との関係

母・照子は、生みの母親ではなく、父が再婚した育ての母である。

父と母は、一九四九(昭和二十四)年に結婚した。おれが生まれたのは一九四二(昭和十七)年一月八日。父と母が結婚したのは、おれが七歳、小学校の二年のときのことだった。

一九四九年、小学校二年のときの夏休み、姉と弟と三人で、父の実家である富山の中新川《なかにいかわ》郡水橋《みずはし》というところに行かされた。そこはおれが生まれた生家でもある。

弟は夏休みが終わる頃に、早々と先に帰ったが、姉とおれだけは夏休みが終わっても残され、秋からそこの小学校に編入した。それから翌年の春休みまで富山にいた。

その間、立山連峰《たてやまれんぽう》を見ながら、そこの小学校に通った。なぜ、おれたちが東京に帰れなかったかといえば、父が子供たちの生みの母親である冨美子との離婚劇を見せたくなかったからだったとは、後年知ったことである。

その間に両親は離婚し、子供のおれたちには、母は死んだという話になっていた。

ところが事実はそうではなく、母・冨美子は生きていた。

一九七七（昭和五十二）年、「犬神家の一族」に続く角川映画第二弾として、森村誠一原作の『人間の証明』を映画化した。

日本人の女性と黒人GIとの間にできたジョニー・ヘイワードという青年は、ニューヨークから日本に、母に会いにやって来る。彼は自分の出生の秘密を知り人生に決着をつけるために、日本にやって来たのだ。だが、そこから悲劇がはじまる。彼は、有名になっていた母にナイフで突き殺されてしまう。映画は母親が自殺をするという形で結末を迎える。

この映画が上映されたとき、多くの映画評論家が母もの映画だと批判したが、おれはまさに母ものを描くために、この原作を選んだのだ。映画「人間の証明」は、ある意味でおれの家庭を引き写しにしているのだ。ジョニー・ヘイワードはおれの分身である。

映画はエンドマークが出ればそれで終わるが、人生というドラマは、この後まで続く。おれは『人間の証明』を映画化することで、それまでの二十八年前からはじまった、おれの宿命に対して、自分なりの決着をつけたかったのだ。

生母と再会するのは、この映画「人間の証明」が完成したときのことである。

この映画のキャンペーンの折、テレビ局の企画で、「思い出の人に会いたい」という趣旨《しゅし》の番組が制作されることになった。そのときおれは、自分の生母の冨美子に会いたいと言った。

そこで、約三十年ぶりで生母と再会した。当時、東京郊外《こうがい》のひばりが丘のマンションに住んでいたが、そのマンションに、生母が泊まった。

別れて以来、生母と会ったのは、この一回だけである。

それ以後、生母と会わなかったことには理由がある。

その後、生母は、おれには内緒で「週刊朝日」に、おれに電話をかけているような写真を撮らせ、再会のときの模様を取材させた。

生母がそのようなことをしたのは、育ての母親である照子との間に葛藤《かっとう》があったからではないか。その女同士の闘いに、子供のおれが利用されたわけである。そして、そんなことをすれば、それまでおれたちきょうだいを育ててくれた母・照子がどれほど傷つくことか。

生母にそのことを抗議し、以来、生母と縁を切った。

母・照子が血のつながらない子供たちを育てるのに、どれほど苦労してきたかを知っていたからだ。ことに、弟や姉と違い、性格の烈《はげ》しいおれを育てるのは、大変なことだったろうと思う。実際、父からは四回も勘当《かんどう》されたが、そのつど、二人の間に立って苦労をしたのは母である。

父の離婚と再婚

生母・冨美子とは、七歳のときまでは一緒に暮らしたわけであるが、生母からは、長男だったこともあったのだろう、非常にかわいがられたという記憶が残っている。

しかし、家庭の中は、父と母がいつも夫婦喧嘩《げんか》をしていて、殺伐《さつばつ》としたものだった。幼いおれには、その理由はよくわからなかったが、冨美子が包丁を持ち出してきて、父・源義に「私を刺して」と迫った光景を目の当《ま》たりにしたこともある。そんな修羅《しゅら》場《ば》を目前にしたら、子供としては、ワーワーと泣くことによって、その修羅場を回避させるしかなかった。

子供の目からは、両親のどちらが正しいか悪いかという判断はつかない。そんなことよりも、いつも両親の仲が悪く喧嘩ばかりしていたという記憶しかない。

母・照子については、その頃彼女は角川書店で経理の仕事をしていて、父を迎えに来たときに、ちょうど小学校に行くおれのネクタイを、「坊っちゃん、ネクタイが曲がってますよ」と締め直してもらった記憶がある。終戦直後の当時、おれは革靴《かわぐつ》にブレザー、ネクタイというスタイルで、小学校に通っていた。

当時すでに父と照子は恋仲で、そのことを冨美子も知っていて、それで夫婦喧嘩が絶えなかったのだろう。

そんな夏休みに、子供たち三人が父の田舎に行かされた。そして、弟は先に東京に帰ることができたが、姉とおれの二人が富山に残された。なぜ、自分たちだけが、ここに残されなければならないのか、わからなかった。

一度、姉と二人で、家に帰ろうとして、東京に向かって線路を歩き出したことがある。途中ヘビに足にまとわりつかれたりして逃げ戻り、おれたちの逃避行《とうひこう》は失敗した。

田舎から東京に戻ってきたとき、その間に母は死んだと、父から聞かされた。しかし、近所の同級生の中には、父と母が別れたことを告げ口するのもいた。そんなときおれは「母は死んだんだ」と強情《ごうじょう》に言い張った。そのときは、そう信じたかったのだ。

だが、幼いながらも、もしかしたら父と母は離婚して、母は生きているのではないか、という一抹《いちまつ》の疑念は抱いていた。

母の面影《おもかげ》を求めて、写真を家中探したこともあった。しかし、家の中には、母の写真は一枚もなかった。生母の写真はすべて父の手で処分されていた。それまで「おばさん」と呼べるようになるまでに半年かかった。それまで照子を悲しませたこともあった。その当時幼かったおれは、それほど寂《さび》しく、生母を慕《した》っていた。

照子を、「お母さん」と呼び、七夕《たなばた》のときには、短冊《たんざく》に「死んだ母に会いたい」と書いて、照子を悲しませたこともあった。

父が冨美子と離婚し、照子と再婚したのは、一九四九（昭和二十四）年のことである。

ノンフィクション・ライターの岩上安身《いわかみやすみ》という人間がおれたち家族のことを題材にして、当時のことについても書いているという。読んではいないし、読む気もない。そこには、生母の手記も掲載されているというが、生母にとって都合のいいことしか書いていないだろうと思っている。

当時、小学校二年のおれは、父の離婚、再婚についての記憶はそれほど克明なものではない。二歳上の姉の辺見じゅんは、かなりディテールまで覚えているだろうと思う。彼女は両親の離婚をモデルにして、最初の小説である『花冷え』を書いている。

姉は生母である冨美子に対して、一貫して非常に厳しい見方をしている。離婚してからも生母から何度か人を介して姉のところにコンタクトがあり、われわれきょうだいと会いたいという話があったようであるが、姉はことごとく拒否した。

一番実態を知っているのは姉だと思う。姉の書いていることのほうが、きっと正しいだろうと思うが、両親の離婚について、おれには本当のところはわからない。

その後、生母からおれのもとに、再会をきっかけに「お金を貸してほしい」と言ってきたことがある。一度は貸したが、二度目には断った。

また、その後で、一度岩上というライターから、冨美子が、具合が悪くなり危篤《きとく》だと、連絡してきたことがある。姉に相談したが、「会うべきじゃない」と言われ、結局会いには行かなかった。実際には、危篤ではなかったらしい。

今も生母に対しては、女の闘いの部分に子供のおれを利用したということで腹が立っている。

父親不在の冷たい家庭

それでは、育ての母・照子が申し分のない母親であって、おれがかわいがられたのかといえば、子供の頃、そういう温かい感情に包まれたとは、正直感じられなかった。

もちろん、照子が家に入ってきたときに、おれはすでにある程度もの心がついている年齢であり、生みの母を慕っていたのだから、照子になつかなかったのも当然だろう。そのことが二人の間を隔《へだ》てていた大きな原因だった。

母にとっては、なさぬ仲の三人の子供たちを育てることは大変だったに違いない。母がわが家に入ってきたときには、姉が九歳、おれが七歳、弟が六歳と、おぼろげであっても、事情がわかる年齢である。

子供たちは、後から家に入った母に距離を開けていた。母にしても、つねに後添《のちぞ》えとしての距離を保って、おれたちに遠慮がちに接していた。

きょうだいそれぞれが自立心が強かったとも言える。ことに、おれは大人に距離を置いているようなところがあった子供だったから、母にはなつかなかった。それだけに、母にとって、育てにくい子供であっただろうと思う。

「おかあさん」と呼ぶようになっても、おれは心から母になついていたわけではないし、また母もおれに胸襟《きようきん》を開いたという感じはなかった。子供として、母に甘えるということなど、まったくなかった。家庭の中に、母親という存在はいるが、親子の情的な交流はほとんどなかったといっていい。

普通の家庭における親子関係とは、自《おの》ずから違っていた。

しかも、父は不在がちで、ほとんど家にはいなかった。もちろん仕事が忙しいこともあったが、外に愛人をつくり、おれが高校時代には、すでに俳人の草村素子女史との関係があって、さらに家には帰らなくなっていた。

実の父親が不在で、血のつながらない母と三人の子供たち、そして父との間に生まれた腹違いの妹・真理（一九五二年生まれ、おれが十歳のときに生まれた）が生活する家庭だった。人から見れば、かなり特殊《とくしゅ》な家族ということになるだろう。そういう意味では、いわゆる家庭の温かさとは無縁の、すきま風の吹くような家であった。

母との距離が縮まったとき

母の照子の立場を想像してみれば、「夫がいないのに、なんで私が、その夫の子供たちの面倒をみなくてはいけないのか」といった気持ちがあって当然であろう。しかし、母はそんなことを少しも愚痴《ぐち》ったことはない。おれたちに距離を開けてではあっても、黙々と角川源義の妻として、その子供たちの面倒を見続けてきた。

そんな母にとっては、妹・真理は、大きな希望であったと思う。

その真理が、一九七〇（昭和四十五）年、五月二十一日に十八歳で自殺した。当時、おれはすでに角川書店に入っていた。年の離れた真理をとてもかわいがっていた。

真理が死んでから、母はめっきりと気が弱くなった。母とおれの距離はそのとき、少し近くなったように感じられる。

しかし、母との距離が縮まり、母が本当に胸襟を開いて、おれにいろいろな相談をし、頼りにするようになったのは、さらには父の死以降のことである。

真理の自殺の原因は、その頃の父と母・照子との問題にあったと思う。当時、照子自身は、父と別れようという覚悟《かくご》を固めていて、妹には、「成人したら一緒に角川家を出よう」という話をしていたらしい。照子は父と離婚する意思を持っていた。

妹は、いわば父親と母親との、確執《かくしつ》の中で苦しんでいたのであろう。それが妹の死に至った理由だろうと推測している。そんな真理の胸中をもう少し考えて、相談に乗ってやることができなかっただろうか、とおれは悔やんでいる。

すでに当時、姉、おれ、弟の歴彦《つぐひこ》と、子供たちはみな結婚して、独立していた。

外に愛人をつくったからといって、父を批判するべき立場にはない。ただ、妹の自殺の原因は、母・照子と父との葛藤にあった。それは事実だ。

おれが父を批判するのは、父は妹の死をきれいごとで片づけたことである。

父は『冬の虹《にじ》』という、いい句集を出して、妹の死を嘆《なげ》いている。その『冬の虹』から父の俳句をあげておこう。

春雨や花をたやさず真理と居る　源義

節分の鬼面福面真理出でよ　源義

たしかに、嘆きはにじみ出ているが、そこには自分の責任ということは何も触れられていない。句集では、ただ娘を失った悲しみ、それによって、さらに晩年の意識が生まれたと書いてあるだけである。しかし、おれに言わせれば、それはきれいごとだと思う。

母・照子は、娘を失ったことで変わった。その苦しみを乗り越えて、母の成長があったのだろう。

そして、一九七五（昭和五十）年十月二十七日に、夫である角川源義を肝臓《かんぞう》ガンで失う。このとき、父は五十八歳であった。この身近な二人の死を乗り越えて、母は変わっていった。ことに父の死以降、母が俳句の結社である「河」を継いでからのことである。

母は、「夫恋《つま》いの歌」で、夫を恋う歌はつくっているが、夫に対しては、ひと言も批判していない。妹の死をきっかけにして、ある意味では夫婦関係が戻ってきたということなのかもしれない。だが、父と草村素子女史との関係は、彼女が死ぬまで続いていた。

父の死以来、おれは、角川家の家長として母と接することになった。そのときから、おれと母とは、親子でありながら、おれのほうが母を保護するという立場に変わった。

その母を守るべき立場であるおれが、一九九三（平成五）年、八月二十八日に千葉県警に麻薬及び向精神薬取締法違反で逮捕された。母の心痛は大きく、それからの母は、俳句を一句もつくれなくなってしまったほどである。おれの裁判の傍聴《ぼうちょう》には来ていたが、車椅子《くるまいす》で来るほどに体が弱り、一回り、体が小さくなったようにさえ見えた。

そんな母の姿を見て、胸が痛んだものだ。

それからおれは一九九四（平成六）年十二月十三日に保釈されるまで千葉拘置所《こうちしょ》に留置されていたわけである。

妹の死とおれの冒険

もともと父との相剋《そうこく》があったということも無関係ではないが、おれがさまざまな冒険を行なうようになったのは、妹が死んでからのことである。

若い頃は、海で溺《おぼ》れたりして、死にかけたことも何回かあるが、死をそれほど身近に感じていたわけではない。

しかし、妹が自殺してからは、自分の死に方について、「自殺だけはするまい」と思い、事故死や殺される危険性のある冒険に好んで挑むようになった。あえて自ら死を望むようなことばかりした。

一九七四（昭和四十九）年、おれが三十二歳のときであるが、唐十郎《からじゅうろう》さんがパレスチナの過激派のキャンプ地で「風の又三郎」を上演するというので、「それじゃあ、後で会いに行くよ」と、一人で現地を訪れたことがある。

キャンプ地といっても、ベイルートの街の中で、いったいどこでやっているのかわからない。転々として、ようやくたどり着くことができた。紛争《ふんそう》中のそれもゲリラの過激派のキャンプ地を一人で探し歩くという無謀なことをしたわけである。ちょうど、当時は岡本公三ら赤軍派《せきぐんは》がテルアビブ事件（一九七二年五月）を起こしたばかりの頃で、何が起こっても不思議はないという緊張した状況だったのだ。

また、すでに述べたように、一九七六（昭和五十一）年から八七（六十二）年の十一年間にわたって、黄金のトライアングルと呼ばれるアヘン産地を何度も取材したり、サハラ砂漠縦断の冒険などもしている。

妹を死なせてしまってからは、自ら不慮《ふりょ》の事故で死のうとしているところがあった。だから、好んで危険な冒険をしてきた。そんな中で、何度も死にかけるようなことがありながら、死に損なって、今も生きているわけである。それはおれを生かそうという、何かの意思が働いているからなのだろう。

あえて死ぬかもしれない冒険に駆り立てたのは、妹を死なせてしまった、もっとおれが彼女の悩みに気づいてやればという思いが強く後悔として残っていたからだ。

真理は死んだとき、十八歳で大学一年生になっていたが、おれには、彼女がまだ子供の頃の、太っていてぽちゃぽちゃとしたかわいい子供だった印象が強く残っている。

角川書店に入ってからは、給料日のたびに、妹と待ち合わせをして当時の給料としては高級なレストランで食事をご馳走《ちそう》したり、ボーナスのたびに妹にプレゼントをしたりしていた。弟の歴彦は、妹ができて末っ子でなくなったからか、どちらかというと、年が離れているにもかかわらず、妹をいじめるほうで、妹をかわいがるようなことはなかった。

おれが贈ったバッグを、妹が非常に大切にしていたということを死んでから聞いた。そんなふうに、よく会っていたにもかかわらず、妹は悩みをおれに打ち明けてはくれなかった。

亡き妹《いも》の現《あ》れて羽子板市なるや

妹《いも》の忌の天を真青《まさを》に朴《ほほ》の花

妹の死後も夕づく朴の花

後から聞いた話では、妹は救いを求めて教会の門を叩《たた》いたりしていたようである。今でも、その妹の死に顔は美しいと思う。

子供の頃から父に対して反発があった

妹を自殺に追い込んだのは、両親に責任があるが、とくに父の責任が重いと思っている。

父は、外では人格者として振る舞っていた。言うことは立派であるが、実際の父を身近に見ていて、おれには、それらの発言は、きれいごとにしか思えなかった。仮面を一皮はがしたら、言うこととやることはまったく違うのだ。そんな父を見て、「何を偉そうなことを言っているのか」と思っていたものである。

たしかに「河」の中では、父は神格化されていた。俳句の評価も高い。しかし、実像はまた別である。

父は折口信夫《おりくちしのぶ》門下の国文学者でもあったが、父が学者面《づら》することが、おれにとってはよけいに反発心を煽《あお》った。角川書店で働くようになるまで、おれは本を読むということとは無縁だった。それは、文学者面している父に対する反発が強く、父はいつも偉《えら》そうなことを言っているが、実際は何をやっているのか、ウソで塗《ぬ》り固《かた》められた生活ではないかと思っていたことと関係あったのだろう。父に対する反発が、本を読むことに対する反発になっていたのだろう。

父から見れば、おれはできの悪い息子であっただろうと思う。姉や弟が学校の成績が良く優等生だったのに対して、おれは小学生、中学生と劣等生《れっとうせい》だった。小学生の頃は小さかったが、中学生の頃から体が大きくなって、喧嘩しても誰にも負けない、暴れん坊になった。

父はきょうだいの中でおれに対して、ひどく当たっていた。実際すでに述べたように四回も勘当されている。

次章で詳しく触れるが、二十八歳のときに、『ラブ・ストーリィ』を出し、大ベストセラーにした。このストーリーにおれがひかれたのは、男女のラブ・ストーリーであると同時に、父と子の愛憎《あいぞう》の葛藤のドラマでもあったからだ。今思い返してみると、そこに、自分の親子関係を投影させていた。

おれは父を激しく憎むこともあった。だが、心の奥底では、父を求め、愛していたのかもしれない。父に対する憎しみが強い反面、父に愛されたいという気持ちを強く抱いていたのだろうと思う。

きょうだいの中で、おれがもっとも強く父を求め、愛していたのかもしれない。そんな気持ちがあったからこそ、ベストセラーになるという予感ももちろんあったが、『ラブ・ストーリィ』にひかれたのだろう。

山本健吉先生がおれの句集『信長の首』（一九八二年刊行）に跋文《ばつぶん》を寄せてくれている。そこで、おれたち親子のことについて、こんな書き出しで触れている。

「角川親子というと、私はいつもお伽噺《とぎばなし》の世界にいるような思いにひたる。いっそのこと神話といってもいいのだが、それではあまりものものしく響くので、お伽噺ということにしておく」

そして、最初に父のこんなエピソードをあげている。

それは、父が中学時代陸上部に所属していたときの話である。父は選手としてはダメだというので、マネージャーに回されていた。あるとき選手に支障が出て、父が四〇〇メートルレースに出ることになった。どうせはじめから負けるのはわかっているのだからと、最初から飛ばして相手のペースを崩せということになった。ところが、父ははじめから力走して先頭を切って、そのままゴールインしてしまった。

この話を紹介して、おれたち親子のことを次のように言っている。

「ユーモラスな話だが、源義君らしい話ではある。歯を食いしばって、一つの物事に集中する。その集中の仕方が度外れなのだ。それがこのような一種の奇蹟を時に生むことがある。彼の出版事業も、学問も、句作も、書も、謡も、将棋も、多かれ少なかれそのことは言える。
私は角川親子を火の玉人種と形容したことがある。角川姉弟たちは、この親に対して捨て身で胸を借りて成長して行った。春樹君は幼い時、父親に何かのことで腹を立て、応接間の絨毯《じゅうたん》の上に、ふとぶとと脱糞したという逸話を残している。勘当を受けたことも、二、三度はあるらしい。父と同じ国学院《※原文ママ》に学び拳闘部にはいり、あるジムにも通っていたのは、やはり親譲りの、なおざりな遊びの気持《※原文ママ》で物事をやることが出来ない、やり出せば力の限りを尽くしてやり通さないではいられない、その持って生まれた性分に由来している」

たしかに山本先生が指摘してくれたように、おれたちきょうだいは父と性分《しょうぶん》がよく似ているのかもしれない。ことに、おれがもっとも父と似ていると言ってもいいのだろう。

父の最後の見舞い客は、当時は博報堂の社長だった近藤道生《こんどうみちたか》（今の最高顧問《こもん》）さんだった。父が亡くなってから、近藤さんは、おれたちきょうだいを料亭の「吉兆《きっちょう》」に招いて、ご馳走してくれたことがある。そのとき近藤さんに、「あなたのお父さんはいいときに亡くなられましたね」と言われた。

「なぜそんなことを言うんですか」とたずねたら、近藤さんはこう言われた。

「角川さん、あなたは、お父さんがご存命であれば、あなたが会社を飛び出したか、あるいはお父さんを追放していたことでしょう」

近藤さんが言うように、もし父が生きていたら、たしかにそのどちらかになったのではないかと思う。

当時、おれは、角川書店の売上げを、毎年一人で五割伸ばしていた。当時の社内で企画が当たったのは、おれの企画だけだった。自分の能力については、すでに絶大な自信を持っていたのだ。

だが、そんなおれのやり方を、父は苦々しく思って見ていた。おれの出す本の方向は、父の描いていた角川書店のあるべき姿とは、大きく違っていたからだ。だから、父が生きていたら、いずれ決定的に衝突《しょうとつ》するのは避けられなかったことであろう。

父とは、あまりにも気質が似ていたがゆえに、ぶつかることが多かった。

会話のない父子関係

子供の頃から、父との会話などはほとんどなかった。父が家にいるときでも、家にいる時間帯がまったく違っていた。父の帰りは遅く、子供たちが寝てからで、それからさらに遅くまで執筆《しっぴつ》している。学校に行く時間には、父はまだ寝ているというふうで、ほとんど日常的な接触はなかった。

子供の頃の父との交流といえば、休日などに、たまに父が家にいるときに、将棋《しょうぎ》を指したことだろうか。そういうことは小学校の頃から大学時代まで続いた。

しかし、中学生になると、おれはすでに父よりも強かったので、一回目は実力通りにおれが勝ち、二回目は手を抜いて負けてあげるというように気を遣ったものだ。たかだか将棋だからという思いがあったので、そんなふうに手を抜いて父の相手をしていた。

父はアマ三段で、自分では強いと称していた。しかし、父の将棋は定跡《じょうせき》通りで、何度かやっていれば先が読めてしまう。定跡通りには打たないおれの将棋を、父は「おまえのやり方は将棋の定跡に反する」などと批判していたものだ。

弟はといえば、幼いときから、父と同じく、高柳八段の門下に入って、「名人の卵の会」という少年将棋連盟に所属していた。そこには中原（誠）、米長《よねなが》（邦雄《くにお》）など後に名人になる連中がいて、彼らと本格的に将棋をやっていたので、負けるというのは、プライドが許さなかったのだろう。父とやっても、決して手を抜くということをしなかった。

将棋の指し方ひとつでも、子供の頃から、弟とおれの性格の違いがはっきりと出ていた。

大学時代に全学連相手に暴れる

おれは國學院大學久我山高校に通っていたが、その頃、姉が早稲田大学に行っていて、弟が早稲田高校だったこともあって、早稲田大学に進学を希望していた。高校三年のとき、短期間であるが集中的に受験勉強をして、早稲田大学文学部に合格することができた。

ところが、父から「國學院大學に入ってくれ」と頼まれたのだ。父は國學院大學卒業の院友《いんゆう》で、その関係で、角川書店は國學院大學の卒業生である高校の教師に国語の教科書を販売していた。その頃の角川書店は国文学関係の出版社で、辞書や教科書の出版社という色彩が強かった。それらの販売が当時の経営を支えていた。

当時の角川書店は経営がうまくいっていない、つぶれかけた出版社である。それだけに、國學院大學卒業生相手の出版物がうまくいかなければ、経営的にさらに苦しくなる。そのために、父は、おれに「國學院に入ってくれ」と言ったのだ。

本当は早稲田の史学科に進学したかったのだが、結局、父から「頼むから」と言われて、仕方なく國學院に入った。

そんな経緯《けいい》で國學院大學に入学したこともあって、大学の授業には興味が持てず、ほとんど出なかった。

大学ではボクシング部に入って、高校時代の終わり頃からはじめたボクシングに夢中になっていた。朝は自主トレ、昼間は大学のクラブで、夜は夜でボクシングジムに通って、一日中ボクシング漬けの日々であった。

おれが大学に入学したのは、ちょうど一九六〇(昭和三十五)年である。当時は六〇年安保で安保反対の学生運動が激しい時代だった。

大学に入った頃は、まだおとなしかったが、三年のときには、アンチ全学連として活動して、学生組織を文化団体連合会（文連）と体育連合会（体連）に分裂させた。おれは学生大会のための根回しなど、陰に回ってリーダーとして動き、実質的な体育連合会の創設者であったが、初代の会長には、おれの息のかかった者を就《つ》けた。当時、全学連と対立する学生組織の急先鋒《きゅうせんぽう》にいたわけである。そのため、何度か全学連と衝突したこともある。

もっともすさまじかったのは、大学三年のことであるが、渋谷で二百人あまりの全学連の学生とぶつかったことがある。一対二百だから、普通なら、闘争にも何にもならないと思うかもしれない。だが、二百人を相手にして、おれのほうが彼らを蹴散《けち》らしてやったのだ。結果的に、相手のほうに、病院に運ばれた重傷者が三人も出た。

翌日には、「國學院大學K君（二十一歳）、渋谷ハチ公前で暴力沙汰《ざた》」という見出しで、「朝日」「毎日」「讀売」の三紙すべてにその記事が出た。

喧嘩というのはやり方がある。常識的には、二百人相手に勝てるはずがないと思うかもしれないが、おれは高校時代は剣道部で、それからはボクシングで鍛《きた》えているから、格闘技のセミプロのようなものだ。

当時の学生運動では、角材は持っていたが、まだヘルメットはかぶっていなかった。

学生の一人から角材を取り上げて、角材を持ったら、得意の剣道で相手をたたきのめすのはお手のものだ。さらに正面からかかってくる相手にはボクシングで正拳突《せいけんづ》きを食らわせる。相手は、ただ数が多いだけの烏合《うごう》の衆だから、そんなふうに攻撃されると、逃げまどうだけである。

それが一番大きな暴力沙汰であるが、それ以外にも何回か、そんな騒動を起こした。

大学を卒業した頃――父にとって不肖の息子

父は國學院大學の理事であったから、息子が暴れて、そんな事件を起こしてばかりいたので、ほとほと困っていた。大学時代、実際には勘当はされなかったものの、おれを勘当しようと思ったことが何度もあっただろう。

そんなこともあって、大学四年のときに、おれは家を出て東村山にアパートを借りた。大学にはほとんど行っていなかったので、大学のある渋谷から遠くても別に困ることはなかった。当時は、日給五百円のアルバイトをして、生活費は自分で稼いでいた。

家を出たのは、父と折り合いが悪かったからということもあるが、最初に結婚することになる佳子と半同棲《はんどうせい》生活をはじめたということもあった。

佳子とは一九六五（昭和四十）年、おれが大学を卒業した翌年に結婚した。七三（昭和四十八）年に一度離婚したが、七六（昭和五十一）年再入籍し、九八（平成十）年に再び離婚した。この間の事情については、後で書くことにする。佳子は國學院大學時代の同級生である。

もう少し、当時のことについて語っておこう。

大学を卒業したのは、一九六四（昭和三十九）年、東京オリンピックの年だった。卒業して最初に入ったのは、取次《とりつぎ》の栗田書店《くりたしょてん》である。そこに半年いて、次に学術出版社の創文社《そうぶんしゃ》に半年いた。ちょうど東京オリンピックが終わったときに、創文社に入った。栗田書店では、母の旧姓で入社して、返品倉庫で働いていた。

はじめから角川書店に直接入らなかったのは、父から「少しほかのところで勉強しろ」と言われたからである。ところが、はじめのうちは、真面目《まじめ》に働かない、勝手にスナックなど経営するという状態だった。

当時、新宿三丁目で「キャッツアイ」というスナックをやっていた。開店資金をどうやってつくったのか、今では思い出せないが、親からの援助などはまったく受けなかったから、自分で苦労してつくったのだと思う。

なぜ、そんな店を出してみようと思ったのかといえば、その頃、五味川純平（作家、代表作に『人間の條件《じょうけん》』など）さんの『孤独の賭け』がテレビドラマ化されていて、その主人公を天知茂《あまちしげる》が演じていて、その舞台が六本木のスナックであった。主人公がのし上がっていくのだが、実に天知茂が格好よく、憧れてしまったからだ。

昼間は栗田書店の返品倉庫での仕事、夜は田中というバーテンと二人でスナックをやっていた。若いとはいえ、やはり体がかなりきつかった。父からは、「水商売などとんでもない。すぐにやめろ」と言われたが、「職業に貴賤《きせん》などない」と突っ張ってやり続けていた。だが結局は、自分でもきつくなり、父からもうるさく言われて、やめたのである。店をやめるときには、金も儲《もう》からなかった代わりに、借金も残らなかった。

実際、店をやっていたのは半年ほどである。ちょうど栗田書店でアルバイトをしているときと重なったわけだが、いつも睡眠不足で居眠りをしていたものである。同じアルバイト連中に文句を言われたが、こちらは腕力に自信があるので、「昼寝しているのに邪魔するな！」などと一喝《いっかつ》して、殴ったこともある。

そんな状態だから、誰もおれには文句を言わなくなった。今思い返すと、かなりひどいアルバイトだったものだ。まったく真面目でないもいいところであった。

そんな荒れた日々から立ち直るきっかけは、ある本との出合いであった。

その頃、ナポレオン・ヒルの『巨富を築く13の条件』という本が返品倉庫にあり、たまたまそれを持ち出して読んでみたのである。それを読んだのがきっかけで、自分の手で出版社というものを、きちんとした一流企業にしようと思い立った。

栗田書店で働いていた頃は、怠慢《たいまん》もいいところであった。しかし、創文社に入ってからは、雑務全般をやらされたが、このときには真面目に仕事をした。始業時間の一時間前には出社して、社内の掃除をした。当時は創業者の久保井理津男さんが社長で、久保井さんの講義を週に一回受けていた。

また、自らすすんで、いろんな出版人に会いに行った。筑摩《ちくま》書房《しょぼう》を再建した布川角《ぬのかわかく》左衛門《ざえもん》さんなどである。布川さんには、「スタンリー・アンウィンの『出版概論』を読みなさい」と言われ、読んだ覚えがある。この本では、「出版事業ほど、興すのは簡単で、継続の難しい企業はない」という一節に感銘《かんめい》したが、覚えているのはそれだけだ。

当時、出版に関する本をいろいろと読んだ。本をきちんと読みはじめたのは、その頃からである。出版という事業について考えはじめたのもこの頃である。

「おまえはおれの子ではないかもしれん」という言葉

父との関係について考えてみると、おれは父にとっては、不肖《ふしょう》の息子であり、完全に鬼っ子《おにこ》であった。

父から大学生の頃に一度、「おまえはおれの子ではないかもしれん」と言われたことがある。生母の冨美子が浮気をしてつくった子ではないか、と暗に匂《にお》わせたわけである。大学生になっていたとはいえ、父の放った、この言葉はおれを非常に傷つけた。このことで、ずっと父を許すことができなかった。

このとき、父になぜそのようなことを言われたのか、何か、父を怒らせるようなことがあったのか。父を怒らせるようなことは始終であったが、よくよく思い出しても、このときには、直接父を怒らせるようなことをしたという記憶はない。

このときは父からしみじみとした口調で言われた覚えがある。それだけにショックが大きかった。

たしかに、おれは母親似で童顔である。それなのに目がきついので、盛り場などを歩いていると、「ガンをつけている」などと、よく喧嘩をふっかけられたものだ。相手は、こいつは弱そうだと思って因縁《いんねん》をふっかけてくるのだろう。だが、おれは少年の頃から剣道もやっていたし、高校時代の終わり頃からボクシングもはじめていたので、非常に喧嘩が強かった。逆に、相手をぼこぼこにやっつけたものだ。そんなふうに、始終、問題を起こしていた。

対照的に、弟は父親似である。おれのように喧嘩をするわけではなく、優等生で、親の言うことを聞く、親にとってはいい子であった。弟の歴彦とおれとは、顔も体型も性格もまったく違っていて、兄弟とは思えないほどだ。

父にとっては、外見も自分に似ていて、学校の成績も良く、素直に言うことを聞く、弟のほうがかわいかったのであろう。おれはつねに叱《しか》られるばかりだったが、歴彦はつねにほめられていた。

おれのほうは、子供の頃から父に叱られ、反発して、ますます父との溝《みぞ》が深くなっていったのだと思う。父からほめられたい、愛されたいという気持ちは強かったのだろうが、お互いの気持ちはすれ違うばかりで、その分憎しみも強くなったのかもしれない。

父と和解したと思ったのは、父の死ぬ年の一九七五（昭和五十）年の正月のことである。

父が、ある社員を批判したことがあった。そのとき、おれはその社員をかばって、「人間っていうのは、短所だけ見たってはじまらないですよ」と、父をいさめたのである。

そのときに父から「そりゃそうだ。おまえは欠点だらけだけど、それがおまえの魅力《みりょく》だ」と言った。記憶する限り、父がおれを認めるようなことを言ったのは、それが最初で最後だった。

父はこの年亡くなったのだが、そんなことを言ったのは、父が気弱になっていたということもあったのかもしれない。それでも、このとき、父は父なりに、おれのことを理解してくれていたのだと思ったものである。

父と本当に心から和解できたと感じたのは、父が亡くなって十年後のことだ。四十三歳のとき（一九八五年）、徹夜の撮影現場からホテルに戻ったときである。洗面所で髭《ひげ》を剃《そ》ろうとして鏡をのぞき込んだときに、そこにまぎれもない父の貌《かお》があった。五十八歳で永眠した父を少しだけ若くした貌であったが、まるで双子の兄弟のように瓜二《うりふた》つであった。それまで、おれは父とはまったく似ていると思っていなかっただけにショックだった。

このとき、自分の顔の中に父を見た。「おまえはおれの子ではないかもしれん」と言われたひと言は、父が亡くなっても、ずっとおれの中でシコリとなって残っていたのだ。

父の命日に、父の貌を自分の中に見たということは、何らかの因縁なのだろう。それまでシコリになっていた、自分の中の「もしかしたら……」という疑《いだ》いの気持ちが解消した。それとともに、父とようやく和解できたという思いを抱くことができた。

雉子《きじ》鳴くや鏡のなかの父の貌

句集『一つ目小僧』の中で詠《よ》んだ句である。

弟から仕掛けてきた追放劇

弟の歴彦との関係は、今では最悪といっていい。だが、幼い頃から性格がまったく違って、相性がいいというわけではなかったが、決して仲が悪かったわけではなかった。弟が変わったと思うのは、彼が結婚した頃からである。

結婚してから、彼は、おれの目からは、金に執着《しゅうちゃく》するようになったように見える。おれたちの間は、結局決裂したわけであるが、いくら金をためても、残す子供もいないのに、と考える。おれには理解できない。

弟との軋轢《あつれき》が表面化したのは、一九九二（平成四）年である。この年の九月、おれは弟の歴彦を角川書店から追い出した。

なぜ、そうしたのか。それ以前のことであるが、弟は、おれを追い出すということを取次会社や書店に言っていたのだ。その話はおれの耳にも入っていた。だが、おれは、その話を知りながら、彼を副社長にした。それでも、歴彦が取締役会で反乱を起こして、おれを追放しようとしているという話が伝わってきた。そこで逆に、こちらが取締役会で、弟を追い出したのである。

このとき、最終的に歴彦との間に立ってくれたのは、瀬島龍三さんである。キャピタル東急の瀬島事務所で三人で会い、両者の言い分を聞いてくれた瀬島さんが、歴彦に「辞《や》めなさい」と引導《いんどう》を渡してくれたのである。

この間のことを、歴彦は「兄・角川春樹を許した日」（「文藝春秋」一九九三年十二月号）という手記で書いている。

そこで、歴彦は、「一年後の今日、こうして角川書店の社長に就任して言うのもおかしい話だが、私は社長になりたいなどと考えたことは一度もなかった」とか、「その頃、私は体力の限界を感じていたこともあるし、将来、太郎（角川春樹・佳子の長男）が社長になった時のために身を引くという意味合いもあったのだ」などと書いている。

きれいごともいいところである。歴彦は、世間体《せけんてい》を気にしているだけなのだ。

幼い頃から、取り立ててライバル意識があったわけではない。ただおれたち兄弟はあまりにも性格が違っていた。歴彦は、子供の頃からどうすれば親によく見られるかがわかっていて、表面的に「いい子」として振る舞えるような人間だった。おれのほうは、この通り、裏表など、まったくない人間である。だから、率直な発言や行動のために、世間の誤解を招き、時に世間を敵に回すこともある。

歴彦の追放劇に結びついた原因は何かと問われるならば、歴彦が脚光《きゃっこう》を浴びている兄に取って代わって権力を握りたいと、おれを引きずり下ろそうとしたことが発端《ほったん》だとおれは思っている。結果的には、それを事前に知ったおれが、逆に彼を追放したわけである。

角川書店を自分のものにした歴彦

千葉拘置所（一九九三年八月～九四年十二月）にいた九三（平成五）年に、おれが獄中から手紙を書き、歴彦を社長にしたのである。そのとき、彼は、おれを保護すると約束した。つまり、おれが角川書店に復帰できるようにするために、留守を預かる形で、彼を社長に就任させたわけである。

その当時、歴彦は、おれが戻ってきたら「こうしよう」とか、「海に行ったとき、くだけ散る波を見ながら、人間の営みなんてのは小さいことだ。出たら、すぐにでも会いたい」などという手紙を寄こしたりした。それを読んだおれは、弟の情愛を感じて、ありがたいと思ったものだ。

ところが、いざ出所したとき、彼の態度はどうだったか。彼に電話をしても電話にも出ず、会おうともしない。すべてシャットアウトされた。その頃彼は、おれが千葉拘置所を出て、角川書店の株主総会に出席した場合に、どうするかといった会議を開いて、その対策を練っていたのだ。こうして歴彦は、おれを追い出し、角川書店の社長になったわけである。

歴彦は、自分では、おれをフォローしてきた影のような存在だと言っていた。

「世間では、春樹が信長で弟は家康だと見る向きもあるようだが、それは違う。私は豊臣秀吉に対する秀長に徹していたつもりだ。秀吉は秀長を失ってから朝鮮出兵に向かったわけだが、私は、私が社を辞めてからの春樹を見るにつけ、自分を秀長にダブらせていたものである」

よくここまで図々しいことを言えると思うほどだ。

彼が進める事業には斬新《ざんしん》さを感じさせるものはない。映画製作にしても、おれの敷いたレールを踏襲《とうしゅう》しているにすぎない。しかも、それまでおれがつくった映画の権利はすべて角川書店が持っている。映画を含めておれが築き上げてきた角川書店の資産を維持しているだけで、彼がおれと違うことで唯一やったのは、角川ホールディングスという持ち株会社をつくったことだけである。

今のおれには、おれが過去に築き上げたものは、まったく何もない。だが、それでいいと思っている。さっぱりとまったくないだけに、おれには、これから新たなことを目指そうという力があるのだ。

歴彦のように、ただひたすら守ろうとするのと、おれのようにどんどん新しいことをやろうとするのとでは、エネルギーの大きさがまったく違う。歴彦のように、守ろうという意識などないから、資産を全部新たな事業につぎ込んでも、おれはまったく怖くない。もちろん、成功させる自信もある。

角川書店時代、おれは「カリスマ経営者」と言われてきた。麻薬事件で拘置所に入れられて以来、おれのことを墜《お》ちた偶像のように言う人間も多くいた。

これまで世間で「カリスマ」と言われる多くの人物——宗教家、作家、事業家、政治家など、さまざまな職種の人たち——と会ってきた。だが、おれは、自分以上の本当のカリスマに会ったことがない。角川書店創業者の父・源義も、学者としては優秀であったが、俳人としては二流、さらに事業家としても二流の人物で、カリスマなどと言える人物ではなかった。

弟・歴彦との決定的な決裂

歴彦とは、瀬島事務所で会って以来、会っていなかった。母・照子の死をきっかけにして、久しぶりに会うことになった。

今回出所してきて、おれが人を介して、歴彦に会おうとしても、ことごとく拒絶されてきた。北方謙三のパーティが出所後間もない昨年（二〇〇四年）の四月九日にあったが、おれが行くと知ると、彼はあわてて出席を取りやめた。すでに述べたが、六月二十四日の「復活の日」パーティでも、招待状を出したが、彼は何か理由をつけて海外へ行って、欠席という返事をしてきた。

それだけおれと会うのを恐れていたのだ。恐れているのは、彼にやましさがあるからだ。

彼は、そんなふうにおれから逃げ回って会おうとしなかったのだから、彼と実際に会ったのは、十何年ぶりのことであった。久しぶりに歴彦に会って、「なんて老《ふ》けたんだろう」と思ったものである。

彼がおれから逃げ回っていることすべてをわかっていながら、おれは母の葬儀《そうぎ》をきっかけにして、彼に手を差し伸べたつもりだ。

母の葬儀をきっかけにして、角川家がひとつになるべきだと思い、通夜《つや》の席で、紀伊國屋書店会長の松原治さんを仲介にして弟と話し合う機会を持ったのだ。過去のことは忘れて、兄弟仲良くやろうではないかという提案である。それはすでに述べたように、おれの「慈悲の心」という心境から発したものだ。

ところが、弟の返事はどうだったか。

歴彦の返事は「考えておく」という、そっけないひと言だけであった。兄であるおれが弟の理不尽な行動すべてを許して、そういう提案をしたのだ。その言葉を聞いたとたん、おれははらわたが煮《に》えくり返る思いであった。

松原さんが同席してくれていてよかったと思った。このときは姉もいなかったので、弟とおれ、それに松原さんの三人だけだった。もし、松原さんがいてくれなかったら、彼をぶん殴っていたところだ。そうなったら、向こうは弁護士を立て告訴《こくそ》して、おれはそれでまた刑務所に戻るところであった。

そこで、松原さんが間に入ってくれて「角川家がひとつになるという話し合いは時間をかけましょう」と言ってくれた。しかし、おれは、「そんなチャンスは今回しかありません」と言った。それでも、弟は黙ったままだった。

しかも、彼は松原さんの前で、「今度の葬儀は角川ホールディングスでやる」と言い出した。「なぜだ」と聞いたら、「角川源義がつくった会社だから」と言うのだ。角川ホールディングスは持ち株会社であって、角川源義がつくったものでも何でもない。しかも、通夜の席に、角川書店の社員は誰も手伝いに来てはいない。来ているのは、角川春樹事務所と姉の会社の幻戯書房の人間であった。それにもかかわらず、自分が喪主《もしゅ》になって角川家の代表として、いかにも親孝行であるかのようにふるまおうとしたのだ。

母は生前「私が万が一の場合には、葬儀を『河』でやってちょうだい」と、おれに言っていた。母は一俳人として死んでいきたかったのだ。そして「河」の今後の運営についても、おれが主宰者《しゅさいしゃ》としてやっていくという方針が、母の遺志でもあった。そうした話をすべてして、母は死んでいった。

つまり、母の遺志は、「河」で葬儀をしてほしいということだった。そのことを言うと、弟は「それでは角川ホールディングスと『河』との共催にしよう」と言い出した。

こうした歴彦の態度に接して、「こいつは人間か」と心底腹立たしく思った。結局、弟はぷいと席を立っていってしまった。

葬儀は母の遺志通りに行なった。おれが喪主になり、角川春樹事務所の社員たちと幻戯書房の社員たちがみな手伝ってくれた。

この母・照子の葬儀をめぐって、歴彦とは決定的に決裂した。もはやきょうだいが仲良く、角川家がひとつになるということはありえなくなった。

おれが「家族がひとつになろう」と言ったのは、別に事業のことなどはまったく関係ない。おれは、今さら角川書店にかかわろうという気などはまったくない。また、こちらの事業を援助してもらおうなどという意図があったわけでもない。今の角川春樹事務所は優良企業である。新たな事業を次々と計画して、着手した事業は順調に推移している。

角川書店とおれのかかわりは、今やいっさい切れている。すでに持っていた角川書店の株はすべて売却してしまっている。

千葉拘置所を出た翌年（一九九五年）三月に、弟から、時価からすると非常に安い金額で売却してくれと言ってきた。

しかも、彼は、おれが会社に損害を与えたからと、なんと何十億円という金額を請求してきた。会社の事業の損害を個人でやったという話で請求してきたわけである。

むろん、そんな要求については、「何をバカなこと言っているのだ」と蹴ったが、それでも「REX　恐竜物語」などおれが製作した映画について、あらゆる権利を放棄することになった。

結局、株式の売却にも、当時の金額で一株三千五百円で応じた。角川書店が株式公開したときには、万を超え、最終的には実勢価格《じっせいかかく》はその十倍になった。つまり、おれは一割弱の金額で角川書店の株を手放したことになる。

その点では膨大《ぼうだい》な損をしたことになるが、もうそんなことはどうでもいいことだ。おれはすでに弟に絶望していた。すでに角川春樹事務所をつくり、角川書店に戻ろうという気は毛頭なかったから、売却に応じたのだ。逆に、それなら自分自身の力で、新たに全部築き上げてやろうと思ったのである。

一生懸命にやってくれている角川春樹事務所の社員と手を組んで、誰の世話にもならず、すべて新たに築き上げてやろうという決意があった。だからこそ、製作を進めている『男たちの大和』の映画化についても、今度は角川春樹事務所の株を売却して、誰の世話にもならずにつくるわけである。

そんなおれにどうして、今さら角川書店に対して、何か介入する意図があるだろうか。これまでのような音信不通の家族関係では不自然だから、「再び家族として交流しょう」と言ったにすぎない。そのことは歴彦にもわかっていたと思う。

そうであっても、弟の態度は、今述べたようなものだった。おれは、もはや彼を私と同じ角川家の人間と思ってはいない。

第4章

わが才能と成功

出版人・映画人・カリスマ経営者

向日葵《ひまわり》や信長の首斬り落とす

（『信長の首』より）

「角川書店を最大の出版社にしてみせる」という思い

角川書店を継ぐことを意識するようになったのは、創文社に入ってからである。すでに述べたように、『巨富を築く13の条件』などナポレオン・ヒルの一連の本や『出版概論』、あるいは、デール・カーネギーの『人を動かす』などの本を読んでからである。

ことに、ナポレオン・ヒルの『巨富を築く13の条件』は、おれを大きく変えた本である。この本は、「なせばなる」式の潜在意識《せんざいいしき》として、つねに思い続けていれば、手に入らないものはないということをアピールする、今の時代、売れている成功法則を謳《うた》った本の元になっているものだ。そういう点では、内容的にはどこにでもあるものだ。

だが、当時は、この本から非常に感銘《かんめい》を受けた。取次《とりつぎ》にいると、返本が山のようにある。どの出版社だって、この本が売れないと思ってつくっているわけではない。いや、売れるだろうと思うからこそつくるわけである。

それにもかかわらず、毎日毎日次々返本されてくる。出版というものがどんなに水商売かがよくわかる。それを見ていれば、出版などという商売はやりたくないという気持ちにもなる。それまで、おれは自分はもっとほかに自分に向いた仕事があると思っていた。

しかし、この本を読んでから、おれは自分のベッドのところに、「角川は史上最大の出版業者になってみせる」という言葉を書いて張り、それを大きな声で読み上げるようになった。そうやって自分の潜在意識にたたき込むようにした。このときからそういう想念のエネルギーを信じるようになった。

その頃から、それまではまったくといっていいほど本を読まなかったおれが、年間三百冊以上の本を読むようになった。

どこに行くにもカバンの中には、何冊もの本を入れておく。外で人と待ち合わせをするときなどでも、本を読みながら待っていたりしたものだ。

［編集部注：武富義夫氏の談「当時、二十代の終わり頃だったか、彼と一緒に香港《ホンコン》からアジア、ヨーロッパまで回ったことがある。そのとき、彼はとても大きなカバンを持って、移動のときなど、よろよろと歩いている。そんなに重いのかと持ってみたら、たしかに非常に重い。なぜそんなにカバンが重いのかと思ったら、本がぎっしりと詰

まっていた。文庫本が主体ではあったが、パタヤビーチの砂浜でも、どこででも読んでいて、読み終わると捨てていく。また、あるとき、待ち合わせ場所に行くと、街灯《がいとう》の下で本を読んでいたということもあった。そのくらい、いつも本を持ち歩き読んでいたという印象が残っている」」

「活字と映像と音楽」という三位一体の芽生え

角川書店に入社したのは、大学を卒業した翌年の一九六五（昭和四十）年のことである。

当時角川書店には、社員が約二百六十名いた。規模だけは大きかったが、というよりも、だから、会社は赤字だった。

おれが入社する以前の角川書店の歴史について、少し触れておこう。

角川書店は、国文学者だった父・源義《げんよし》が、終戦の年である一九四五（昭和二十）年十一月十日に興《おこ》した。出版第一冊目は『歌集歩道』（佐藤佐太郎）であった。

一九四九（昭和二十四）年、「角川文庫」（B6判）を創刊し、翌一九五〇（昭和二十

五）年、「角川文庫」を現在の文庫サイズであるA6判に改装し、第一次文庫ブームを引き起こすヒットとなった。

一九五二（昭和二十七）年、『昭和文学全集』（全六十巻）を発行。戦後出版史を飾る大ベストセラーとなり「全集ブーム」の引き金になった。この年、会社を千代田区富士見町に移した。

一九五四（昭和二十九）年、株式会社に改組。一九五六（昭和三十一）年、『角川国語辞典』『角川漢和辞典』を刊行し、辞典界に進出。一九五七（昭和三十二）年、高校教科書『国語（総合）』を発刊。

一九五八（昭和三十三）年、『日本絵巻物全集』（全二十五巻）、『図説世界文化史大系』（全二十四巻）発刊。一九六〇（昭和三十五）年、『世界美術全集』（全四十巻）発刊。

角川書店に入って、おれが手がけて最初にベストセラーを出したのは、一九六七（昭和四十二）年に発刊しはじめた『カラー版世界の詩集』（全十二巻）である。これは、岸田今日子さんなどの朗読のソノシートをつけた。

つまり、「読む、見る、聴く」の三位一体《さんみいったい》である。それが各巻二十万部以上売れた。社会現象にするためには、この頃から「活字と映像と音楽」というメディア・ミックスが必要だという戦略論が自分の中では芽生えはじめていた。

それに続いて『日本の詩集』を出し失敗したときに、おれは窓際に追いやられた。だが、その後、このシリーズもきちんと重版している。当時、労働組合が強く、おれをクビにしろという圧力も強かった。経営状態が苦しい時代だったので、スケープゴートが必要だったのだ。それが社長の息子という標的に向かい、おれは責任をとって左遷させられた。

復活のきっかけは、翻訳《ほんやく》出版である。翻訳出版に注目したきっかけは、一九六八（昭和四十三）年に公開された、マイク・ニコルズ監督の映画「卒業」である。主演はダスティン・ホフマンとキャサリン・ロス。この映画は大ヒットしたが、この映画の原作を早川書房が出していて十万部以上のヒットになった。しかもテーマ曲である、サイモンとガーファンクルの「サウンド・オブ・サイレンス」も大ヒットした。これは、まさにおれが考えていた「活字と映像と音楽」の三位一体の実現である。この他社の成功が大きなヒントになったのだ。

『ラブ・ストーリィ』が大ベストセラーとなる

三位一体をおれ自らが最初に手がけたのが、映画「ある愛の詩《うた》」(原作エリック・シーガル『LOVE STORY』)と「いちご白書」の原作本の出版である。ともに七〇年代のはじめに、若者たちに大ヒットした映画の原作の翻訳である。映画のヒットとリンクして音楽もヒットした。団塊《だんかい》の世代の多くは、これらの映画に青春の思い出があるのではないだろうか。『いちご白書』のほうは映画公開と同時期に文庫本(一九七一年五月)で発売した。

ことに角川書店はじまって以来のミリオンセラーになったのが『ラブ・ストーリィ』である。『ラブ・ストーリィ』の原作権は二百五十ドルという安い金額で買った。映画公開の半年くらい前に出版(一九七〇年十一月単行本)し、すぐに文庫化(一九七二年五月)している。

だが、実際に出版にこぎつけるまでは、大変だった。父が反対するのは目に見えていた。だから、編集会議にもかけず、営業も大反対の中で、独断専行《どくだんせんこう》で強引に出版した。まさに売れなかったら、今度こそクビという覚悟だった。

この『ラブ・ストーリィ』の版権が安かったのは、当時は「これからはフリーセックスの時代だ」というような風潮で、ポルノまがいのものが流行《はや》っていて、「純愛ものなんて当たるわけがない」という勘違《かんちが》いがあったからだ。だから、営業も大反対だったのだ。しかし、おれは、「そういう時代こそ、純愛に弱い」ということがわかっていた。

最近も韓国テレビドラマ「冬のソナタ」が大当たりしたし、片山恭一の『世界の中心で、愛をさけぶ』も原作の大ベストセラーに続いて、テレビも映画も大ヒットし、また純愛がブームになっている。十年前の一九九〇年前後には、村上春樹の『ノルウェイの森』やR・J・ウォラーの『マディソン郡の橋』が大ベストセラーになり、純愛が流行った。十年ごとに純愛ブームは来るという「純愛十年周期説」というのがおれの説だ。

「純愛十年周期説」は、人からの情報で思いついたものではなくて、自分の発想からだ。いろいろな情報を取り入れて、自分の頭の中で整理するのはもちろん必要だが、そこからどのようなものが今当たるのかは、それだけではわからない。肝心《かんじん》なのは、そこにカンが働くかどうかだ。

さらにいえば、『ラブ・ストーリィ』を、何としてでも出版したかったのは、父と子の対立、父と子のラブ・ストーリーでもあったからだ。

原作者のエリック・シーガル自身が後に「男と女だけではなく、父と子のラブ・ストーリーでもある」と言っている。おれ自身、父との間に強い葛藤《かっとう》があっただけに、このストーリーにひかれたことも大きかった。

このストーリーは、名家の四世であるオリバーとイタリア移民の娘ジェニーというあまりにも身の上の違う二人が惹《ひ》かれ合う。父の反対を押し切ってオリバーは、ハーバードの法学部へ入る少し前にジェニーと結婚する。オリバーの家からの送金は中止され、学費や生活費のためにジェニーは働くが、二人は貧しいながらも幸せな日々を送っていた。やがて優秀な成績で卒業したオリバーが法律事務所へ勤めるため、二人はニューヨークへ移る。そんな新しい生活がはじまろうとしていたとき、オリバーは突然医者からジェニーの余命が短いことを知らされる。彼女の亡くなった病院を後に、反対していた父に向かって彼の言う台詞《せりふ》が「愛とは決して後悔しないこと」である。

この映画の公開に際しては、何としても日本でも映画をヒットさせて、本を売らなくてはならないと、おれが宣伝プロデューサーとなった。当時のＣＩＣ（シネマ・インターナショナル・コーポレーション）に金を出させて、俳優や監督を呼ばずに、原作者のエリック・シーガルを日本に呼んだ。

後に「ジャッカルの日」の映画公開のときも原作者のフレデリック・フォーサイスを呼んだ。原作者を呼ぶことで、映画のヒットが、さらに本のヒットとリンクしやすくなるわけだ。

『ジャッカルの日』（一九七三年四月）も大ベストセラーになった。この本の翻訳権料はちなみに、七百ドルである。これも、メディア・ミックスの戦略であるが、この頃から、おれの戦略が明確になっていった。フォーサイスの本は、『オデッサ・ファイル』（一九七四年一月）『戦争の犬たち』（一九七五年一月）と次々と翻訳出版し、それぞれ大ベストセラーになった。

ついでながら、なぜ、『ジャッカルの日』が売れると直観したかと言えば、当時、さいとう・たかをの『ゴルゴ13』がはじまっていたからだ。それを読んでいたので、このスナイパーの話は、『ゴルゴ13』と同じで、「これは売れるぞ」と思ったのだ。

話を戻すと、『ラブ・ストーリィ』の大成功によって、おれは社内で復活し、編集局長として編集の責任者になった。

文庫本を読み捨てにする

当時、角川文庫が次々とベストセラーになり、紀伊國屋書店の文庫ベストセラーの十位までをおれのつくった本が独占するという状態になった。

そのほとんどが洋画の原作やノベライゼーションであった。ちなみに、一九七〇（昭和四十五）年刊行のそうした作品の文庫本をあげれば、『さすらいの青春』（一月）、『ジョンとメリー』（一月）、『ナタリーの朝』（二月）、『さらば恋の日』（三月）、『雨にぬれた舗道』（三月）、『去年の夏』（四月）、『裸足《はだし》のイサドラ』（五月）、『USAブルース』（六月）、『夕陽《ゆうひ》に向かって走れ』（七月）、『マッシュ』（九月）などである。

そのため、「角川文庫はキネマ文庫だ」と、出版界のあちらこちらから悪口を言われたが、その後、新潮社も徳間書店も、あるいは各社すべてが、遅まきながら、こちらの真似《まね》をしはじめた。サル真似もいいところだ。

おれがベストセラーを連続してつくる前の角川書店の経営状態は悪く、著者に印税をきちんと支払いきれない状態だった。それが払えるようになったのは、こうした映画と連動した『ラブ・ストーリィ』などのベストセラーが出てからのことだ。

また、一九七一（昭和四十六）年からは『日本史探訪』のシリーズをはじめた。左遷《させん》されてからわずか数年後、二十八、九歳の頃から、たった一人で、角川書店の売上げを毎年約五割ずつふやしていった。当時、おれには部下は一人もいなかったから、企画から編集まですべて一人でやっていた。だから、夜中まで、社に残って仕事を続けていたこともしばしばだった。

また、文庫本にカラーのカバーを付けたのも、おれのアイデアである。それまでは文庫本にはカバーがなく、半透明なパラフィン紙のようなものが付いいただけであった。それを、文庫にカラーのカバーを付けて、アメリカのペーパーバックのように手軽なものにした。

それまでは、文庫本というと、評価が安定した名作文学や古典が中心であった。また、現存作家の作品が文庫になるということは、単行本が出版されてから何年も経《た》ってからであり、それだけで作品が評価されたことになり、作家にとっては名誉だと思われていた時代であった。

それを映画作品の原作やノベライゼーションをして、派手なカラーのカバーを付けて、「読み捨て」にしてしまったわけである。今ではすべての文庫がそういう体裁《ていさい》になってしまっているではないか。

おれがはじめた当時はセンセーショナルで、古い体質の出版界からは、かなり批判的に受け取られた。しかし、結局はおれがはじめたことを批判していた、すべての出版社、良書出版を標榜《ひょうぼう》する代表である岩波書店でも、結局真似《まね》せざるをえなくなったわけである。

今でこそ、売れている本の文庫が一年以内に出版されることは珍しいことではなくなった。おれがはじめた文庫戦略が、出版界すべての文庫本のつくり方――中身も外見も含めて、ガラリと変えてしまったわけである。

四十代以上の人なら、七〇年代の角川文庫のテレビCMの強烈なイメージを覚えているだろう。

たとえば、ロサンゼルスで撮影したのは、こんなCMである。日本人の青年が、アメリカの警官に「その大きいバッグの中身は何だ？ 開けてみろ」と職務質問される。バッグを開けて見せようとすると、そこから文庫本がバラバラと落ちる。青年が「ディス・イズ・角川文庫！」と言う。放映当時は識者《しきしゃ》と言われるような人たちから、大顰蹙《ひんしゅく》をかった。

この発想は、当時、アメリカに行くと、トイレのゴミ箱にペーパーバックの本がたくさん捨てられていて、アメリカでは、ペーパーバックは読み捨てるものだというのが当たり前だったということからだ。それが、日本の文庫本も、読み捨てにしていいのではないか、という発想に結びついたのだ。また、おれ自身が旅行などに、主に文庫本を持ち歩いて、読み終えたら、片っ端から捨てていたということもある。

今でこそ変わってきたが、日本では、本は大切にとっておくものという既成観念が根強くあった。それが六〇年代後半、日本が豊かな社会になって、徐々に変わりつつあった。その時代背景を敏感に感じ取っていたからこそ、このようなことができたのだ。

だからこそ、既成観念に縛《しば》られた人たちからは、大批判を浴びたわけである。しかし、若者たちからは、当時のコマーシャルが格好いいと受け取られ、角川文庫の快進撃に結びついた。

横溝正史ブームを仕掛ける

おれ自身が映画製作に乗り出し、活字と映像、音楽というメディア・ミックスを仕掛けるようになったのは、横溝正史《よこみぞせいし》さんの本からである。

横溝正史さんの文庫を出版しはじめたのは、一九七一（昭和四十六）年四月の『八つ墓村』からだ。読者層を小学生の高学年からと想定して、漢字を少なくしてルビをたくさん付けるつくりにした。当時、横溝正史さんはすでに忘れられた存在で、作品はほとんど絶版だった。

横溝さんを復活させた理由は二つある。

ひとつは、その当時、「週刊少年マガジン」で影丸譲也《かげまるじようや》の漫画で「八つ墓村」を連載していたことだ。それで、横溝さんのおどろおどろしい世界が、若者に受け入れられると確信した。いつの時代でもコミックのほうが時代を先駆けているからだ。

もうひとつは、当時電通の藤岡和賀夫《ふじおかわかお》さんという有名な仕掛け人が、「ディスカバー・ジャパン」（日本再発見）というコピーで全国津々浦々《つつうらうら》の駅にポスターを貼《は》って、大キャンペーンをやった。

それによって国内旅行ブームが起こり、日本の古くさいもの、伝統的なものを見直し、しかもそれがかえって新しいものに感じるという気分が広まった。

横溝さんはそういう日本的な土俗的《どぞくてき》なものを背景にしているので、その当時のブームに乗ると直観したからである。

当時、すでに横溝さんは過去の人になっていて、亡くなったと思っている人が多かった。おれでさえ、最初は亡くなっていると思っていた。遺族に会いに行くつもりでお宅にうかがったのは、一九七〇（昭和四十五）年十二月下旬だった。うかがったところ、ご本人が健在だったので、びっくりしてしまった。

横溝さんはちゃめっけのある面白い人で、非常に記憶力がよかった。過去に読んだミステリーをほとんど丸暗記していて、ストーリーから主人公、何人死んだかまでぜんぶ覚えている。その記憶力には感心したものだ。

横溝作品を映画化

最初に横溝作品を映画化しようとしたのは、『八つ墓村』だった。これを映画化しようと企画したのは、松本清張原作の「砂の器《うつわ》」（一九七四年、松竹作品）が当たって、日本の原作でもいけると思ったからだ。

だから、ＡＴＧ（日本アート・シアター・ギルド）で横溝作品の「本陣殺人事件」（一九七五年、ＡＴＧ作品）を映画化するときに、角川書店が宣伝協力費として五十万円出資した。これはATGはじまって以来のヒットになり、配給収入一億円を突破した。『八つ墓村』の映画化に当たって、まず松竹と組んでやる予定であった。ところが、松竹は最初に間接費を四億円要求してきた。あまりにも法外な金額だったから、こちらが怒って抗議したら二億円、さらに一億円にまで下がった。当時の映画界が、いかにどんぶり勘定《かんじょう》だったかが、この一事からもわかろう。

しかも、脚本の遅れによって、公開予定が大幅に延期になるという。こちらとしては、公開に合わせて「横溝正史フェア」を計画していた。それでは、映像と活字のリンクができなくなってしまう。それでは困ると、公開を早めるように申し入れたが、松竹から蹴《け》られたのだ。

「こんな会社はとても信用できない」と手を切った。そこで、自ら映画製作に乗り出したわけである。

『八つ墓村』については、松竹に映画化権を売ってしまっていたので、映画製作の第一弾にできなかった。そこで『犬神家の一族』を映画化することにした。

なぜ、『犬神家の一族』を選んだかといえば、いくつかの要素がある。

ひとつは、日本は家族関係を含めて、ヨコのつながりよりもタテのつながりを重視するタテ社会であり、一族の問題や親と子の関係というのが、日本人に受けるテーマだということがある。父親との葛藤があっただけに、そのことが身にしみてわかる。

山崎豊子原作の「華麗なる一族」という映画がヒットしたことも頭にあった。

映画の作り方としては、昔の片岡千恵蔵主演の映画（一九四七年「三本指の男」〈原作『本陣殺人事件』〉、一九四九年「獄門島・前後編」、一九五一年「八つ墓村」など）のように、ドンパチの撃ち合いではダメだと思った。

イメージしたのは、マカロニウエスタンのスタイルだ。町で殺し合いが行なわれている。そこにガンマンが来て、事件を解決して去っていく。その夕陽のガンマンが金田一耕助という人物なのである。

そういう背景のなかで、ストーリーは「夕陽のガンマン」のようにバタくさくする。しかし、金田一耕助のファッションは下駄《げた》に袴《はかま》におかま帽という古くさいスタイル、さらに戦後の日本を象徴《しょうちょう》するような、いかにも戦後日本の面影《おもかげ》が残っているような場所を探して、信州の上田で撮影した。

おれは脚本の段階から加わって意見を出した。

探偵としてのリアリティを出すために、アメリカでは探偵《たんてい》でも、商売だから、きちんと金をとる。それまでなら、きれいごとで「お金は志《こころざし》だけでけっこうです」というようなことを言っていた。だから、原作にはなかったが、金田一耕助が、アメリカの探偵のようにきちんと料金を請求して報酬《ほうしゅう》を受け取り、「領収書、書きますか」と言うシーンを入れた。これには、横溝さんも感心してくれた。

また、笑いの要素も加えようと、「よし、わかった！　あいつが犯人だ」という警部役の加藤武のセリフをつくったりした。

しかし、出版社が映画づくりに乗り出すことには、いろいろと言われた。「角川書店が倒産する」という噂《うわさ》が立ち、小松左京さんから「角川君、映画で失敗して潰《つぶ》れるという噂だよ」などと言われたこともある。たぶん、出版界や世間の大方はそういう見方で、「また、角川がバカなことをやっている」という冷ややかな感じだった。

映画公開に合わせて全国を回るという、全国キャンペーンも、このときおれがはじめてやったのだ。このキャンペーンで大阪に行ったとき、そこの記者から「ナンボ儲《もう》かりまっか？」と聞かれた。「配給収入が最低十五億円はいく」と答えたところ、「あんた、アホとちゃう？」とまで言われた。

それに対して、「じゃあ、結果見てみろよ。賭《か》けようか？」と答えたのだが、実際、結果は十七億五千万円だった。

とにかく、全国キャンペーンをはじめ、それまでの既成の映画会社の宣伝方法とはがらりと変えた。それまでの映画会社にはメディア・ミックスで、他のメディアを活用して映画を当てるという考えなどまったくなかった。もちろん、出版界にもない。それはすでに述べたように、映画とリンクして本を売るということの先鞭《せんべん》をつけたので、そこから逆に、こちらから映画をつくって、映画と本を同時に売るという試みをすればいいと考えたわけだ。

だから、横溝正史作品を中心に一千万冊以上の膨大《ぼうだい》な文庫本に、映画のコマーシャルと割引券になるしおりをはさみ込んで、しおり代のコストをタダにした。しおり代のコスト負担をなくすだけでなく、映画の宣伝にもなる、一石二鳥の方法だ。

実際、映画公開と同時に「文庫一千万部突破記念」として「横溝正史フェア」を展開したが、映画のヒットとともに、文庫の売れ行きも千八百万部を突破した。

映画と文庫本フェアで大成功

当時、どんどんこのようなアイデアを実現していった。おれは出版社も映画会社もバカばかりだと思った。その考えは、今もまったく変わらない。

こうして「犬神家の一族」を大成功させ、横溝作品では「悪魔が来りて笛を吹く」

（一九七九年）、「悪霊島」（一九八一年）など次々と手がけた。また、同じ手法で、森村誠一さんの『人間の証明』を映画化（映画「人間の証明」は一九七七年）し、森村作品の文庫本フェアを仕掛け、大成功させた。

映画公開に当たってのテレビコマーシャルも画期的なものだった。それまで映画界は、映画の衰退はテレビの責任だと、自分たちが面白い映画をつくってこなかった責任を一方的に転嫁《てんか》して、テレビを敵視していた。そのためそれまで映画のコマーシャルをテレビでやったことがなかった。

しかし、おれはテレビを活用しない手はないと考え、テレビで映画のコマーシャルをはじめた。

たぶん、映画を観《み》ていないとしても、当時の宣伝コピーを覚えている人は多いのではないか。映画「人間の証明」の宣伝コピーは「母さん、僕のあの帽子、どうしたでしょうね」というものだ。また、「読んでから観るか、観てから読むか」というコピー、「悪魔が来りて笛を吹く」の「私は、この小説だけは映画にしたくなかった」というのもある。

それらを文庫本のオビコピーにし、さらにテレビ、新聞などのコマーシャルで大々的に流す。それによって、映画の認知度も高まり、本の売れ行きと映画のヒットがリンクする。もちろん、音楽の効果も大きい。

これらのコピーはすべて自分でつくった。コピーをつくるのは、得意である。本の「腰巻き大賞」も取ったことがある。そういうアイデアが湧《わ》くのは、風呂かトイレである。また、お経をあげているときにもアルファー波が出ているので、ふと湧くこともある。

こうした戦略についても、出版界の頭の固い連中からは、「本をモノ扱いする」などという批判も出てきたが、それは本を売る工夫がない言い訳にすぎない。「出版が文化事業だ」などと言って、そこにしがみついている者が大勢いるから、出版事業がいつまでも変わらないのだ。

横溝作品は今も売れ続けている

横溝さんが亡くなられたのは、一九八一（昭和五十六）年の年末のことだった。

葬儀《そうぎ》が終わった後、葬儀委員長の水谷準《みずたにじゅん》先生が奥様にこんな言葉を投げかけた。

「これで寂《さび》しくなったねえ。横溝君は酒や女や、ずいぶん暴れまわったが、身体《からだ》を壊して、いい小説を書くようになった。結婚式の仲人もなり手がなくて、結局、僕が引き受けることになったけど、まあ阿修羅《あしゅら》みたいな男だったね」

しかし、おれは阿修羅だった頃の横溝さんを知らない。おれにとって横溝さんは、子に厳しくとも、孫にやさしい祖父のような存在だった。

その埋骨《まいこつ》が行なわれたのは、翌年二月のことである。おれは小田急線生田駅から車で十分ほどの丘の上にある「春秋苑」という墓地での埋骨に立ち会っていた。

横溝さんが亡くなられたとき、いくつかの俳句をつくっているが、次の句がもっとも好きな作品だ。

枯蓮の死は茫漠の夢の中

その当時の横溝作品の文庫本は九十二点、総部数五千五百万部におよんでいた。あれから二十数年たった今も、横溝作品は生きて売れ続け、映画化やテレビドラマ化され続けている。

父・源義は、「名作とはどの時代にでも読まれる流行作品であり、現在読まれない限り、その作品はもはや名作ではないということだ」と語ったことがある。夏目漱石の『坊っちゃん』は、今も読み継がれているが、夏目漱石も偉大な流行作家であるように、横溝さんは、それ以上の流行作家ということが言えよう。

角川文庫の躍進

二十代の後半の角川文庫の快進撃の話に戻すと、映画のノベライゼーションや映画化作品の原作の文庫化以外にも、五木寛之さんの『風に吹かれて』（一九七〇年四月）、山本七平さんの『日本人とユダヤ人』（ペンネーム　イザヤ・ベンダサン　一九七一年九月）、北山修さんの『戦争を知らない子供たち』（一九七二年一月）など、他社のベストセラー作品を、次々と早期文庫化して、大ベストセラーを生み出していった。また、小松左京さん、筒井康隆さん、星新一さん、眉村卓さんなど、ＳＦ作品の文庫化なども手がけた。

それが角川書店の売上げを毎年五割ずつ伸ばしていった原動力になった。書店から、その年にもっとも売れて話題になった本を出版した会社に賞を出す「新風賞」というのがあるが、二十九歳当時、その新風賞を受賞した。

おれの二十代後半は、まさに角川文庫をエンターテインメント路線に変え、メディア・ミックス路線の先鞭をつけた時期である。そして、父が亡くなって社長になって（一九七五年）からは、映画づくりに着手して、さらにメディア・ミックス路線を本格的に拡大していった。

次々とベストセラーをつくることができたのは、ひとつは今述べたように、映画、テレビ、出版、音楽とリンクしたメディア・ミックスを仕掛けていったからだ。おれがはじめた、この戦略は、今はどこでも仕掛けているが、はじめた当時、そのことに誰も気がつかなかったわけである。

もうひとつはそれまで作家でない人間に小説を書かせ、作家にしていった。片岡義男や劇作家のつかこうへいなどがそうだ。

たとえばつかこうへいなら、当時「熱海殺人事件」の戯曲《ぎきょく》があった。それを小説に書き下ろさせればいいという発想だ。片岡義男の場合、エルビス・プレスリーについての本の翻訳（ジェリー・ホプキンズ著『エルビス』一九七一年十一月）をしたが、そのあとがきが、ライト感覚でセンスのいいものだった。これからは、このライト感覚が若者にフィットするのではないか、「この感覚で小説を書かせたら面白いんじゃないか」というのが最初にあったからだ。

さらに、まだ新人で本は出ているが、ブレイクしていない作家たちをメディア・ミックスを仕掛けて、ブレイクさせた。森村誠一さん、半村良さん、内田康夫さん、赤川次郎さんなどがそうだ。

また、今述べたように、単行本でベストセラーになっている作品を、作家と交渉していち早く文庫化するという方法だ。業界ではかなり強引に文庫にもっていくというので、「強盗・角川」などと言われたりした。しかし、早期に文庫化することによって、本の命が延び、さらに売れることになる。その点では、本がますます売れて印税がたくさん入ってくることで作者にとってもいいし、ベストセラーになった話題の作品が、早く安い文庫本で買えるという点で読者にとっても、都合がいい。

父の告別式の前に、「三年以内に新潮文庫を上回ってみせる」と宣言したことがある。そのとき、弟の歴彦は、即座に「それは不可能だ」と言った。

歴彦は現実主義と言えば現実主義なのだろう。だが、現実主義者というのは、才能がないからだ。

この宣言通りに、二年以内に新潮文庫を超えた。弟のような平凡な普通の人間と、おれのような天才とは、歴然とした差があるということだ。

一九八四（昭和五十九）年七月十日に行なわれた「角川文庫創刊三十五周年記念謝

恩会」で、おれは次のように挨拶《あいさつ》した。

「十三年前、二十九歳で角川書店の編集局長に就任したとき、まず最初に手がけたのが文庫本のファッション化だった。それまでの純文学志向、名著の厳選という岩波文庫型の、出版社から読者へという一方通行から、読者のニーズをキャッチし、新しいニーズを創造していくという双方通行に切り換え、文庫本のカバージャケットをビジュアルな訴求《そきゆう》効果の高いものにした。

宣伝戦略もグラフィック・デザイナーのナンバーワンの石岡瑛子《いしおかえいこ》氏を起用して、まるで化粧品《けしようひん》を販売するようなイメージで再出版させた。それは書籍に対する大胆な発想であったために、旧態依然《きゆうたいいぜん》の出版界からは、書籍文化に対する冒瀆《ぼうとく》であるという お定まりの批判が強かったが、それに反比例して、文庫本の読者は急増し、結果的に世にいう文庫革命となった。そして角川から無名の、あるいは新しい作家が続々と登場し、日本文壇《ぶんだん》は大きく変貌したのである」

実際、おれの戦略は、その後の出版界を大きく変えてきた。一九七三(昭和四十八)年に中公文庫、一九七四(昭和四十九)年に文春文庫、一九七六(昭和五十一)年に集英社文庫と、大手出版社が続々と文庫に参入し、どこの文庫も角川文庫の真似をして、カバーが付いているのが当たり前になった。

自分のメジャーに世間を合わせる

このようにおれを駆り立てたのは、一時期窓際に追いやられたことが大きい。次はとにかく成功させなければ、この会社にいられなくなるという瀬戸際《せとぎわ》だった。だから、どうしても成功させなくてはならない。

人間、瀬戸際に立たされれば、最大限の能力を発揮するものだ。もし、それでも能力が発揮できなければ、それは自分が無能だという証明だ。

しかも、当時の角川書店はすでに述べたように、印税の支払いが半年も遅れているような状況だから、作家に、新たな作品を書いてもらおうとしても、書いてもらえない状態だった。

とにかくコストをかけずに売れるものをつくるという方法しかない。そこで、安くつくれて売れるものということで、翻訳もので映画化される作品、あるいは映画化されている作品のノベライゼーションということを思いついたのだ。これなら、こちらで宣伝費をかけなくても、映画が宣伝になる。しかも、翻訳の訳者なら、打ち合わせの経費などもコーヒー代などで済む。

一九七四（昭和四十九）年は第一次オイルショックであったが、当時紙不足で、本の点数を絞《しぼ》れということになった。しかし、父には「わかりました」と言いながら、おれは本をどんどん出していった。

この頃には、父の扱い方がわかったからだ。父の言うことには逆らわず、一応「わかった」と言っておいて、自分のやり方を通せばいいのだ。

各出版社が点数を絞っている時代に、角川書店では、逆に、出版点数を拡大するという方針を貫いた。そうすることによって、文庫本だけでなく、単行本でもベストセラーの上位を占めることになった。その中心がすでに述べた、フォーサイスの一連の作品である。

フォーサイスの『ジャッカルの日』の翻訳権料は七百ドルだった。第二作目が千ドル、第三作目が千五百ドルと、今から考えたら破格の安値だった。今であれば五十万ドル、百万ドルという単位になるだろう。

なぜそんなに安かったかといえば、おれ以外に、見る目がなかったからだ。ほかの編集者が、プルーフ（仮で印刷・製本した見本本）を読んで、ドゴール暗殺の話、それも失敗して主人公のスナイパーが殺されるのでは、ダメだろうと判断したわけである。

しかし、おれは、『ゴルゴ13』の成功を見ていて、これは必ず売れると確信した。

つまり、オイルショックの紙不足のときもそうだし、フォーサイスの作品の翻訳のときもそうだが、世の中の流れ、その時代のメジャーに合わせていたら、独創的なこともできないし、売れるものなど決してつくれない。売れるものをつくるには、世の中のメジャーを自分に合わせさせるという逆転の発想が必要なのだ。

つまり、人が思いつかないようなことを考えればいいのだ。おれにとっては、人が発想しないことを発想するのは簡単なことだった。

ところが今の出版界を見ると、どうか。売れているものの真似ばかりしている。見城の幻冬舎など、まさにベストセラーになったテーマ、作者の後追いをして、それを大々的な広告、パブリシティで売っていくという手法だ。そのために部数を多く刷《す》って、膨大な宣伝費をかけている。こうして売れる本もあるが、売れている本に隠れて、失敗した本も数多くある。

幻冬舎のようなやり方だと、絶えずベストセラーを出さないと存続できない体質になってしまう。だが実際には、毎月新刊が十点以上並んでいるが、その中で売れているのはせいぜい一点か二点だ。十点出して一点売れたとすると、毎月九点の新刊が死んでいくことになる。これでは、社員の数もふやし出版点数もふやすというように、規模を大きくした自転車操業にすぎない。

たしかに見城はおれの身近にいたから、おれの真似をしているとも言える。しかし、肝心な新人発掘ができていないのが問題だ。そういう問題は幻冬舎だけでなく、どこの出版社も同様である。

編集者としての資質ということに触れておくと、正直、本が売れるか売れないかがわかるということは、これは感性の問題だ。だから、こうすればいい編集者になれるなどという方法論はない。非常に個人差がある。

感性の上に何が必要かといえば、才能だ。まず、感性がなければ、編集者になるのは諦めたほうがいい。

もう少し説明すれば、感性とは、ある時期にだけあって、それを過ぎると下がっていく。だが、才能はもっと長生きする。天才となると、才能を超えて、光り輝くものだ。だから、序列をつければ、まず感性があり、その上に才能、さらに天才となる。

おれの場合は、はじめから天才だったので、感性や才能などは必要なかったということもできる。

売れない著者は著者でない、文化は後からついてくる

　おれの出版の方針は、「本は売れてなんぼだ。売れない著者は著者ではない」ということだ。最近でこそ、出版界すべてが、そうなってしまっているが。

　一九七〇年代当時は、「出版は文化だ」というのがまかり通っていた。文化などというのは、後からついてくるものだ。

　ビートルズを売り出したブライアン・エプスタインというユダヤ人のマネージャーがいる。ブライアン・エプスタインが、当時のリヴァプールのロックバンドのシルバービートルズを、ファッションから何から何までプロデュースして、世界のビートルズに変えていった。

　ビートルズの連中は、ただ女にもてたい、金持ちになりたいというだけだった。それが、結果的に、熱狂的に世界中の若者から指示されて、若者たちのファッションから生き方まで変えるような影響力を持つようになった。それは彼らがメジャーになり、結果として文化が変わったということだ。

おれがやったことは「文庫革命」などと言われるが、それは結果としてであって、別におれが革命を起こそうと意図したわけではない。どうすれば売れるかを目指した結果、文庫本のスタイルから、文庫本の読み方まで変わったのだ。

若者がジーンズの尻ポケットに入れて、文庫本を持ち歩き、くちゃくちゃになった文庫本を読んで、読み終えたら捨てるといったスタイル。それが格好いいというメッセージになった。

結果的に、文庫本を読み捨てのエンターテインメントに変えたのだ。そうした大きな変化には当然大きな批判もある。本を読み捨てにするなどけしからん、文化に対する冒瀆《ぼうとく》だ、というのがそのもっとも代表的な批判だろう。だが、そんな批判はおれにとっては痛くも痒《かゆ》くもなかった。

おれがやったことは時代を先駆けていたのだ。結局、今では文庫本だけでなく、本という媒体《ばいたい》自体、読み捨てのエンターテインメントになった。

父が亡くなる前から、おれの路線が成功を収めたわけである。だが、父はいくら売上げを伸ばしても、最期までおれのやり方を認めなかった。

もともと父がやりたかった出版社は学術出版だったからである。すでに述べたが、父はたしかに学者、文化人としては一流の人間だったと思う。経営者としてどうかといえば、明らかに二流であった。そして、俳人としても、父は二流だった。

その父の血筋を引いてはいるが、今、おれは俳人としては父をはるかに超えている。『海鼠《なまこ》の日』という句集で、おれは「芭蕉《ばしょう》を超えた」ことを実証したと思っている。そして次の句を詠んだとき、芭蕉には負けないという自信を持ったのだ。

われもまた過客《かかく》なるべし春の暮

作品としては超えたが、残念ながら、神話としては、芭蕉を超えることはできない。なぜなら、相手はすでに三百年前に死んでいるからだ。

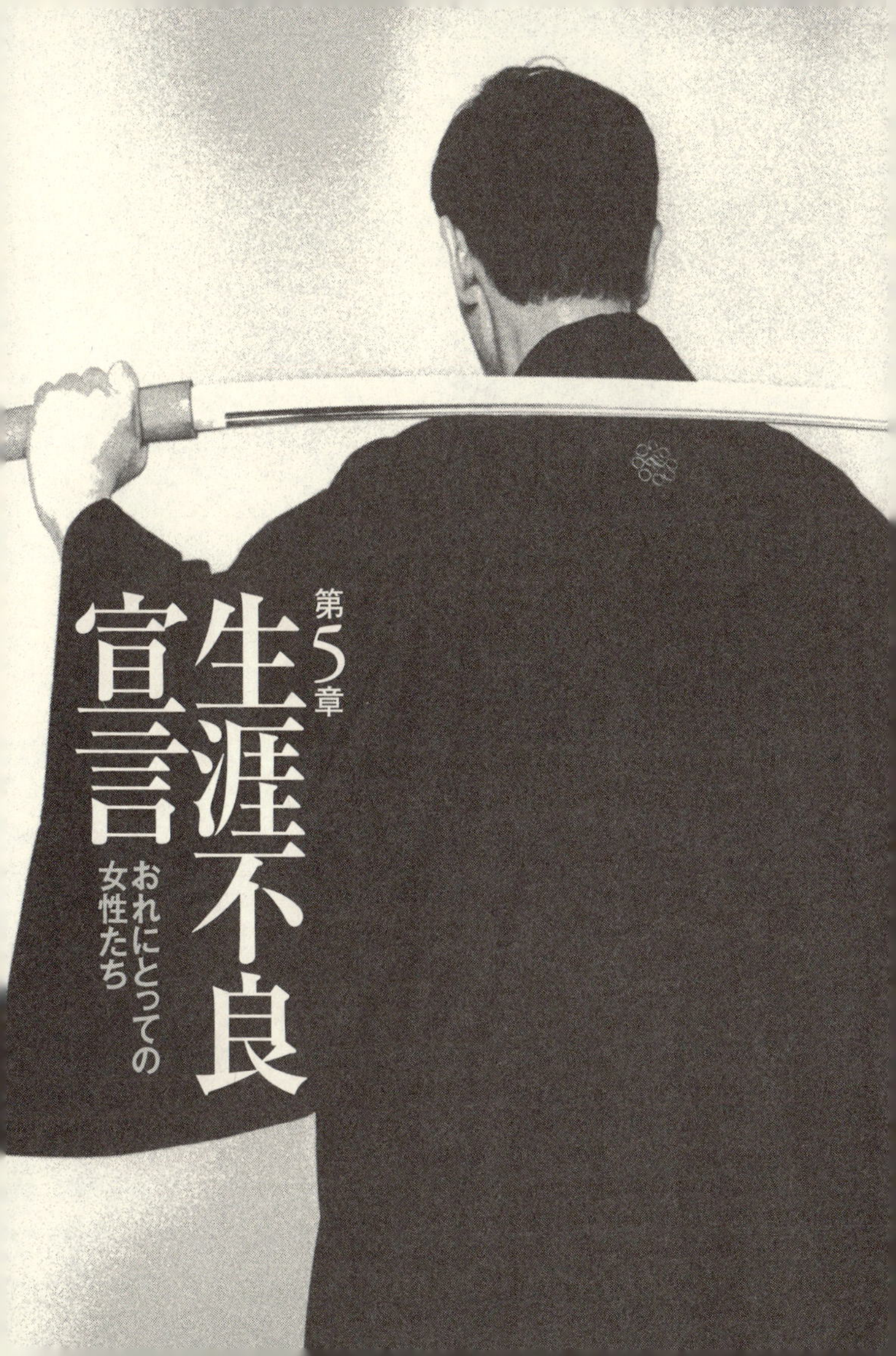

第5章 生涯不良宣言

おれにとっての女性たち

冬深し漢《おとこ》は怒濤《どとう》をまとひたる

（『JAPAN』より）

男と女の呪縛、親子関係の呪縛からも離れる

おれはこれまで五回結婚し、五回離婚している（二〇〇五年現在）。そのうち、はじめの妻とは一度復縁しているので、四人の女性と結婚・離婚したことになる。たぶん、普通に考えれば、生涯にこれほど何度も結婚・離婚を繰り返す人間はそう多くはないだろう。

何度も離婚したのは、もとをたどればその原因は結婚にある。おれという人間は結婚という制度の呪縛《じゅばく》に閉じ込められるような存在ではないということだ。これまでそれに気がつかずに、結婚、離婚を繰り返してしまった。

これまで結婚、離婚を繰り返してきたのは、相手の女性に子供ができたということがある。生まれてくる子供の戸籍《こせき》の問題から、籍を入れなければいけないので結婚をした。つまり、今で言う「できちゃった結婚」である。

だが、今になってみると、子供と親の絆《きずな》も呪縛だと思う。これは刑務所での生活を通じて思い至ったことであるが、親子といえども、他人である。それまでは、ほかの

人間関係と違い、親子の血のつながりはもっと強いものだと思っていた。それでは、親子関係が呪縛になる。

男と女の結婚という呪縛からも、親子関係の呪縛からも、離れて自由に生きるということが、おれが言う不良としての生き方だ。

今回の刑務所生活で、そのようなすべての呪縛から離れて自由に生きることを目指そうと思ったのだ。

一年に二度の離婚、結婚

これまでに結婚・離婚を懲《こ》りずに繰り返してきたが、それは自分の中に幻想を抱いていたからだろう。おれの場合、結婚せざるをえなかったのは、今述べたように、子供ができてしまい、そのときに結婚していた女性と別れて、子供ができる女性と結婚したというのが三回目までの結婚である。

私生活については、巷間《こうかん》いろいろと言われているようなので、ここで、自分の口からそのへんのことをはっきりとさせておこう。別に、今になって、これまでの女性遍《へん》歴《れき》を隠そうなどという気はさらさらない。

ただし、自分の過去を振り返ることなどほとんど興味がないので、かなり忘れてしまっていることが多い。

最初の結婚相手は、すでに触れたように、学生時代から同棲《どうせい》していた佳子である。結婚したのは角川書店に入社した、一九六五（昭和四十）年、おれが二十三歳のときであった。

この結婚生活は、一九七三（昭和四十八）年まで八年間続いた。このとき佳子と離婚したのは、離婚二十日後に入籍した二番目の妻・康子に子供ができたからだ。

さらにその二ヵ月後には離婚し、三度目の結婚をした。こちらにも子供ができたからである。つまり、この年、三十一歳のときであるが、二人の女性にほぼ同時に子供ができてしまったために、二度離婚し、二度結婚するということになった。

最初の妻である佳子と一九七六（昭和五十一）年に再婚したのは、三度目の妻・清子と別れるときに、清子からの条件にされたからだ。

別に佳子と清子の仲が良かったわけではない。それどころか仲は非常に悪かった。清子にすると、おれが自分と別れて、女優など、当時つき合っていた他の女性と一緒になるのが非常に口惜《くや》しかったわけである。元の古女房のもとに戻れば、自分のプライドが保てるからだ。つまり、戸籍を活用して、おれに対して腹いせをしたのだ。

こうして再婚した佳子とは、一九九八（平成十）年、離婚した。母・照子の告別式《こくべつしき》のときに会ったが、ずいぶんと年をとったという印象だった。正直、今つき合っているる女性たちから見ると、かなりのおばさんだ。世間の男たちの大半は、長年結婚生活を続け、そういうおばさんと一緒に暮らしている。だが、おれは生涯《しょうがい》不良を貫くことで、自由に若い女性たちとつき合い続けている。

二十四歳のとき、それまでの硬派の生活と訣別

二度の離婚、結婚をした一九七三（昭和四十八）年というと、父が亡くなっておれが社長になったのが七五（昭和五十）年であるから、その二年前のことになる。

仕事においては、すでに述べたように二十代の終わり頃から、角川文庫の快進撃のきっかけをつくり、メディア・ミックス路線を走りはじめ、出版界に「角川春樹あり」と、大いに騒がれるようになっていた。それだけに、遊びも半端ではなかった。

しかし、そんなふうに女性といろいろとつき合うようになったのは、それほど以前

のことではない。学生時代は硬派《こうは》で鳴らしていた。女性関係については非常にストイックで、つき合って男女関係になったら、もう結婚しなければいけないと思い込んでいた。それで同棲相手の佳子と結婚にまで至った。

二十四歳（一九六六年）のとき、詩人の宗左近《そうさこん》さんのところにうかがったときのことであるが、宗さんのところに出入りしている、タロットだかトランプで素人占いをする女性に、こんなふうに言われたことがあった。

「角川さんは頭が良すぎる。だから、いろいろと先を見すぎてしまう。あなた、もっと遊ばなければ大きくなれない」

どういうわけか、彼女の言うことがストンと腑《ふ》に落ちた。それで、もうその翌日から、酒を飲み、毎日別の女性を抱くような生活に入り込んでいった。それまでは、妻以外の女と遊んだことがなかったのだから、生活が百八十度変わった。

当時、ちょうど仕事などの面で世間のメジャーと自分のメジャーとのギャップに悩んでいた。なぜ自分がそんなふうに苦しむのかと考えたときに、自分の考え方も行動も感覚もすべて古典的すぎるのではないかと気がついた。そのことも、女性との遊びに走らせる一因だっただろう。

会社では組合との対立もあった。そこで、気がついたことが、すでに述べたように、

「それを解消するのは簡単なことだ。全然合わないのであれば、自分のメジャーに世の中を合わせさせればいいんだ」ということだった。

つまり、その頃、自分の中のそれまでの呪縛のようなものから解き放たれたわけである。それが、仕事においては、『カラー版世界の詩集』などのヒットにつながっていき、私生活においては、酒や女性と自由に遊ぶという方向に向かった。女性占い師の言葉は、おれにとっては、きっかけにすぎなかっただろう。

それで、二十四歳のときから、それまで毎日熱心に通っていた空手の道場通いもやめた。武道をやめて、プライベートの時間は遊ぶことに専心した。酒を飲んでもたいして量を飲めるほうではないので、当時は一杯飲むと真っ赤になった。タバコを吸っても咳《せ》き込む。それでも、酒を飲み、タバコを吸い、女と遊ぶという、当時としては、精一杯、不良をやろうとした。それはいわば修行《しゅぎょう》だった。今の若い人から見れば、オクテもいいところだ。

振り返ってみれば、それまで非常にストイックに生活してきたことは、それはそれでよかったと思っている。それまで武道に精進《しょうじん》しストイックに生きてきたからこそ、その後、仏道の修行に入ったときも、それまでどのように酒池肉林《しゅちにくりん》の生活をしていても、ひとたびそこに入れば、尋常でないほどに打ち込むことができたのだ。

おれの場合、ストイックになろうと思えば、即座にチャンネルを切り替えることができる。

だから、刑務所に入っているときには、女性のことはまったく何も考えなかった。よく「性的な欲望はどうしていたんだ？」などと聞かれることがあるが、そんな欲望を抱《いだ》くことは、まったくなかった。欲望を抱いても無理だし、意味がないとわかっているから、はじめからそんな欲望は湧《わ》いてもこないのだ。

普通の人はそうはいかないだろう。ムラムラすることもあるかもしれない。だが、おれの場合には、パチンとチャンネルを切り替えてしまえるのだ。

ここは「修行の場だ」と割り切る。刑務所の場合は、もっとも拘束《こうそく》されている場所である。すでにちょっと触れたように、そこでは朝晩一時間お経《きょう》をあげ、読書をし、俳句をつくり、模範的な刑務作業をやり、俳句、日蓮宗、真言宗のサークルなどクラブ活動をするという生活に励んだ。

そうした生活にすんなりと順応できたのも、二十四歳までのストイックな生活が背景にあったからだ。

この二十四歳のときの転機が大きかった。このときを境にして、遊びだけでなく、自分を世の中に合わせるのではなく、世の中を自分に合わせさせればいいと思うようになった。

普通なら学生時代に遊ぶだけ遊んで、就職したら、今度は社会の枠《わく》に自分を合わせようとすることになるのだろう。結婚していたらなおさらだろう。ところが、おれの場合には、まったく逆だった。

愛した女性は一人だけ

結婚相手以外にも、二十四歳からは女性関係はいろいろあった。四人の相手と都合五回結婚したことになるが、この中で誰をもっとも愛していたのかと聞かれたら、戸籍の上ではたった二ヵ月間しか結婚していなかったことになる、康子という二度目の結婚相手である。

彼女はおれにいろいろなことを教えてくれた。もともとクラブのホステスだったが、美人で頭もセンスもとてもよかった。彼女と別れなければならなくなったのは、三番目の妻の清子の腹に子供ができたからだ。当時、同時期に二人が妊娠《にんしん》してしまったわけである。まさに最悪の状態だった。子供のために、日本の法律に従った。

正直、三度目に結婚した清子という女性は、性格もよくなかった。そんな女と結婚したということは、見る目がなかったということだ。

どちらの場合も養育費なども含めて、離婚したときには、きちんと多額の慰謝料《いしゃりょう》を払った。

これまで、いろいろな女性たちとつき合ってきているし、今もつき合っている（そのことは、角川春樹事務所のホームページの「小さな会社の会長日記」でも、かなり正直に書いている）。それでも過去の女性の中で、やはり愛したと思った時期があるのは、二度目に結婚した康子だけである。

最初の妻の佳子は別として、すでに有名になり、金も力もあるおれと結婚することには、相手にとっては、それなりのメリットがあっただろう。三度目の結婚相手である清子の場合には、すでにおれの名前が出版界にとどろいていたのだから、そういう魂胆が見え見えだった。

また、五回目の結婚相手の奈香いつか（その後ペンネームとして「角川いつか」を名乗り、エッセイ本を出している）の場合など、二〇〇一（平成十三）年九月に結婚したが、この年の十一月五日に東京拘置所《こうちしょ》に収監《しゅうかん》されたのだから、実質的な結婚生活は二ヵ月足らずにすぎない。

獄中《ごくちゅう》にいるときに、彼女から別れの手紙がきて、離婚したのは二〇〇三（平成十五）年七月だから、戸籍のうえでは、二年近くということになる。

彼女から手紙がきたときには、それでも拘置所の中で眠れぬ何日かを過ごした。だが、この女と別れる、いい機会だと頭を切り替えた。

五月憂《う》し妻の手紙にSO　LONG

これがそのときに拘置所でつくった俳句である。このときは慰謝料を三千万円払って離婚した。この五度目の妻を詠《よ》んだ俳句は三句、俳句に換算すれば一句一千万円かかったということになる。

彼女の場合、結婚したのは、愛したというよりも、入所することがわかっていたので、入所したときに面会に来てほしいという気持ちからだった。そのときに一番近くにいた女性だっただけである。

すでに述べたように、二十四歳からは、おれにとって女性は遊びの対象になった。女性たちとつき合うのは、ある種の修行のようなものだ。そして、おれは結婚という呪縛の中に何度も閉じ込められてきた。

いわば愛の遍歴を繰り返してきた。ただし、おれにとって愛するということは、「この人間のために死ねるかどうか」ということだ。そこまでいかないと、本当に相手を愛しているということは言えない。

振り返ってみれば、そういう意味でも、本当に愛したと言えるのは二番目の妻であった康子だけだ。

それ以外の女性たちについては、愛したとは言えない。しかし、彼女たちとつき合い、時には一緒に暮らしたとき、彼女たちをどう思っていたかと言えば、愛するというところまでいかなくても、「いとおしい」とか「好きだから抱きしめたい」という感情はあったわけである。そういう感情がなければ相手を抱きたいなどとは思わないだろう。おれにとっては、遊びであり、恋であった。

［編集部注：大杉明彦氏談「私の知っている限り、女性については、とても手が早いですね。好みはといえば、ぽっちゃりタイプだと思いますね」。武富義夫氏談「彼の女性の好みは、われわれ友人たちの一致するところは趣味が悪いということだね。あるとき、彼に聞いたんだが、彼は非常に目が悪いんだな」］

会社の危機と離婚の慰謝料の支払いが重なる

正直、結婚、離婚を繰り返すと、そのたびに慰謝料と養育費を払うので、ほとんど素寒貧《すかんぴん》になる。

一番参ったのは、四回目の離婚のときだ。一九九八（平成十）年、再婚した佳子から離婚を要求された。このとき、ちょうど角川春樹事務所もどん底の苦しいときだった。倒産寸前の状況までいった。そのときでも、おれの資産はすべて離婚の慰謝料として支払った。

その当時、慰謝料だけで一億何千万円か払った。さらに家から骨董《こっとう》、家具まで渡して、おれはまったく着の身、着のままになった。

もちろん、彼女とは若い頃に結婚して最初から苦労したということがある。だから、おれも自分の財産をすべてあげて、ゼロから再スタートを切ろうとしたのだ。

それがわずか七年前のことである。よくここまで復活したと、自分でも思うほどだ。

当時の「噂《うわさ》の真相」（一九九八年九月号）には、「会社も重大な経営危機」とか「弁護料さえも払えないほど悲惨《ひさん》な状態にある」などと書かれたが、まさに、それほどひどい状態だった。

また、いろいろな人間にだまされたといったことも書かれている。たしかに、おれは当時、男にも女にもだまされたり、金を横領《おうりよう》されたりした。雑誌「Ｐｏｐｔｅｅｎ」にしても、商標権と販売権とともに、飛鳥新社《あすかしんしや》から六億円でスタッフ、経理込みで買い取った。「Ｐｏｐｔｅｅｎ」は、今でこそ大変な財産になっているが、買った当初はまったく商売にならなかった。

離婚して住んだのは、知り合いの持ち物である銀座の古いビルの二階の七畳一間で、家賃をただにしてもらって住んだ。そこには曼荼羅《まんだら》と背広のハンガーがあるだけ、風呂《ふろ》などはもちろんなく、近所の銭湯に行かなければならなかった。トイレは共同で、部屋に悪臭《あくしゆう》が臭《にお》ってくるというようなところだった。

あるとき、角川春樹事務所の女子社員がやってきた。社長のおれがあまりにもひどいところに住んでいるというので、「なぜ、社長がこんな所に、住まなきゃいけないんですか？」と、彼女が泣いたこともある。そのとき、おれが彼女に言ったのは、「おれはここから再出発しようと思う」ということだった。ここでの生活はたった数ヵ月間であったが、そんなところに住んでいても、おれは決して惨《みじ》めだと思ってはいなかった。むしろ、自炊したりして、これまでとまったく違う生活を楽しんでいた。

その後、会社で借りている部屋で、もう少しましな部屋に移った。しかし、数ヵ月後の契約更新のときに、家主が「角川には貸さない」と言い出し、当時のおれには金がなかったので、会社が小石川のマンションを借り上げてくれて、そこに住むようになった。

苦しい時期にネバー・ギブアップ

この一九九八（平成十）年からの数年間が、人から見れば一番苦しい時期に見えるだろう。

しかし、どん底ではあったが、おれはそこから自分の野性をもう一度取り戻そうと思ったのだ。まさに「ネバー・ギブアップ」という心境だった。

そんな逆風はまったく辛《つら》いと思わなかった。銀座の狭い部屋の暮らしを楽しんだように、おれは、どのような場であれ楽しむことができた。

その頃は、身体《からだ》のほうは、その前に肺結核《はいけっかく》になったが、離婚した頃には治っていた。

まだ胃ガンは発見されていなかった。だから、体調そのものは悪くはなかった。その意味では、ゼロから出発できるということでかえって生き生きとした気分だった。

ところが、おれの困難は、まず体調面にあらわれた。二〇〇〇（平成十二）年七月、胃ガンが発見された。そして、同じ年の十一月、最高裁での上告棄却《じょうこくききゃく》、懲役《ちょうえき》四年の実刑判決が確定した。この時点では、ガンを切るかどうかの最終検査の結果は、まだ出ていなかった。

発見されたときには一センチだったガンが十一月には四～五センチになっていたのである。結局は切らざるをえないことになった。そこで胃の四分の三を切除することが決まった。それが最高裁で上告棄却になって間もなくのことだ。

棄却の翌日には角川春樹事務所の社長を辞任した。

おれは子供の頃から我慢強く、「痛い」と言った覚えがない。ところが、手術の麻酔から目が覚めてみると、猛烈に痛かった。切った部分の表面的な痛み以外に、今まであった部分がないという喪失感からくる痛みを生まれてはじめて感じたのである。

若いときからさまざまな冒険の場で死に向き合ってもきたし、ガンを小さくするためにつらい修行（肉や魚をいっさい食べず、オーガニックのみの食事と木刀の三倍の重さの木剣を振った後に空手のシャドートレーニングなど計一時間の日課など）にも耐えた。にもかかわらず、この強烈な痛みは何なのか。

病院のベッドに横たわり、こんな得体《えたい》の知れないきつい思いをするくらいなら、早く刑務所に行きたいとさえ思ったほどだった。

最高裁の上告棄却と社長辞任と胃ガン、この三つの青天の霹靂《へきれき》が、二〇〇〇（平成十二）年十一月、おれの人生に一度に押し寄せてきた。

いわし雲死病を告げし診断書

胃ガンの予後は思わしくなく、手術から半年後に腸閉塞《ちょうへいそく》を起こした。腸閉塞六ヵ所、腸捻転《ちょうねんてん》一ヵ所、流動物以外は消化できないので、バイパス手術をしなければならなくなった。同じ場所を二回も切ると治りが遅くなるので、このときも切らずに治そうと試みたが、一ヵ月で六十五キロあった体重が四十三キロまで落ち、再び手術を受けた。

無一文になったときには、かえって「ネバー・ギブアップ」とファイトが湧いてきた。だが、ガンになり、上告棄却、二回の手術と、次から次へと問題が降りかかってくるのには、さすがのおれでも、やはり参った。

そこで、あるチャネラーの尼さんに相談した。

「胃ガンで手術、腸閉塞で大手術、そして収監。これはいったい何ですか?」

質問に対してしばらく間があった後、その人はこう答えた。

「角川さんに越えられない試練は、与えられていません」

これら次から次に降りかかってくる試練は、神仏のメッセージとしておれに与えられている。そして角川春樹だからこそ、このような大きな試練が与えられ、おれはそれらを乗り越えていけるというわけである。

このとき、おれはどのような困難も乗り越えていけるという強い確信を抱いた。

女と金は追いかければ逃げていく

ちょっと女性の話から横道にそれたが、もう少し、女性論を話すことにしよう。

おれは、今述べたように、離婚ですっからかんになっても、まったく動じることはない。金などは、人生ゲームのコインでしかないのだ。

拝金主義で金に執着《しゅうちゃく》するほど、バカなことはない。

「女と金は追いかければ追いかけるほど逃げる」という法則があるのだ。これはマーフィーの法則ではないが、「角川春樹の法則」だ。

だから、金は追いかければ入ってこない。金は使えば使うほど入ってくる。女についても同じで、女は追いかければ逃げる。おれは今、女も金も追いかけることはない。

たしかに今、金儲《もう》けについての本が多いし、それなりに売れている。みんな金を追いかけて、どうすれば金持ちになれるかとばかり考えている。なるべく早く金持ちになって、リタイアして優雅《ゆうが》な暮らしを楽しみたいというわけだ。「金持ち父さん」的なアメリカ型金持ち志向である。ライブドアの堀江貴文氏とかが話題になるのもそういう風潮だからだろう。

しかし、若くして億万長者になって、彼らはその後の人生をどう送ろうというのか。うまいものを食べて、優雅に贅沢《ぜいたく》に遊んで暮らそうというわけだろうか。

そんな生活は不良でもなんでもない。若くてもただの老人の暮らしだ。精神の優雅さとはまったく無縁、正反対だ。ただの老人志向でしかない。

おれが言う「不良性」とは、精神的な面がかなり大きい。だから、金は手段でしかないし、女性とも生涯楽しくつき合い、自由に遊ぼうというのだ。

生涯暮らしに困らないような金を持って、それを後生《ごしょう》大事にして、それがいわば

「幸せな小金持ち」だとか言うのは、逆に金に呪縛されているにすぎない。

どんなに大金を持っていても、ある日突然それが紙くず同然になるという事態だってありうる。実際、日本は敗戦と同時に、それまでの金が紙くず同然になった。今は大きな変化の時代だ。後生大事に金をためていても、いつどうなるかわからない。

金をため込むことなどに意味はない。それはただの老人志向でしかないのだ。

それまで一生懸命に働いてきて、六十歳を過ぎて、多少のお金の余裕を持って、ビジネスから離れて、年金生活というのなら、まだわかる。そこでそれまでの人生でできなかったような精神的な贅沢を楽しめばいいのだ。

それが、三十代、四十代で、さっさと金をためてリタイアして優雅な生活を楽しもうなどというのは、おれには理解できない。闘うエネルギーの枯渇《こかつ》としか考えられない。

そして、実際にそんなふうに金ばかり追いかけても、アーリーリタイアメントできる人は、ほとんどいないに違いない。

人間、冒険できなくなったら、生きていても面白くもないだろう。

おれは、結婚は呪縛だと気がついたわけだ。そうなれば、家族というのも呪縛である。もちろん、家族を大事にするのは悪いことではない。だが、最近のように、親が子供にべったりしすぎるのは問題だ。

最近、自分の子供の写真を携帯電話の待ち受け画面などにしている人たちが多い。これは、親がいつまでも子供から離れられないからだ。

子供がもっともかわいいのは三歳までだ。かわいいだけで、十分に親孝行なのだ。そして三歳を過ぎれば、子供はだんだん自立していく。もちろん、思春期までは親が面倒を見なくてはならないことも多いし、学校を卒業するまでは、親の経済的な援助は必要だろう。だが、三歳を過ぎた子供に、親がかまいすぎるから、過保護になるのだ。

おれ自身、子供の頃から自立心が強かったせいか、親が子供にかまいすぎ、面倒を見すぎることには反対だ。

親のほうがいつまでも子供から離れられないから、子供のほうも親から離れられなくなる。だから、学校を出ても外に出て働こうとしない、「ニート」などと言われる若者たちがふえることになるのだ。

これも、親も子供も、家族ということに呪縛されているからだ。金を追いかけ、わずかな蓄えを後生大事にする生き方の末路がこんなふうになる。そんな生き方でいいのか。そんな風潮に一石を投じるために、雑誌「月刊ランティエ。」を創刊した。

刑務所を出てから、以前よりも女性にもてるようになった

今は角川春樹事務所の顧問《こもん》であるが、社長時代よりも、顧問という肩書のほうが女性にもてる。それと同じように、社長よりも、社長の息子のほうが、女性にもてるようだ。

たとえば、画家よりも画家のタマゴのほうがもてるのと同じことだ。それは、女性はすでになってしまったものよりも、これからどうなるかという可能性のほうに惹《ひ》かれるからだろう。画家のタマゴならば、これからピカソのようになる可能性もないことはない。しかし、すでに一定の評価のある画家であれば、そこまで大きくなる可能性はない。しかも、タマゴであれば、女性としては、自分がかかわって、そのような大きな存在にすることもできるかもしれないと思える。

おれの場合も、社長時代よりも、まだ社長になっていない社長の息子時代のほうがずっともてた。もちろん、社長時代よりも、遊ぶ時間もあったということもあるだろうが。

おれは刑務所を出てからの今がいちばんもてる。以前も、自分ではもてると思っていたが、出てからはさらにもてるようになった。

刑務所では、もちろんまったく女性に縁がない。だから、女性には憧《あこが》れた。

恋の日は遠し五月の檻の中

また、恋を渇望している心境を詠んだのが次の句だ。

螢火《ほたるび》やわが晩年も恋が欲し

刑務所を出てからかえってもてるようになったのはなぜなのか、自分でも不思議なことだ。だから、最近では、社長よりも、顧問のほうが女性にもてると言っている。

自分では、生き方や人生観が刑務所での生活を機会に変わったからではないかと推測している。

会う人ごとに言われるのは「顔が変わった」ということだ。たしかに、以前のほうが怖い印象だったかもしれない。相手にプレッシャーを与えるということでは、今でも変わりはないが、以前より柔らかい印象になったらしい。

自分では、以前の顔よりも今の顔のほうが気に入っているというわけではない。年を取り、顔が変わっていくのは仕方ないことだ。若いときのほうが、やはり格好よかったのは確かだろう。外見では若さには勝てない。

ただし、今のほうが格好いいと思うのは生き方である。

おれにとっての愛と恋

愛と恋は違う。すでに話したように、おれがこれまで愛した女は一人だけだ。しかし、数多くの恋をしてきた。

恋というのは、男女の仲になりたい、あるいは男女の仲が続いて出てくる感情だ。

しかし、愛とは、映画「タイタニック」のディカプリオが、女を救うために自分が死ぬように、相手のために死ねるというものだ。もちろん、そういう場になったときということだが。

今、何人かの恋人がいる。彼女たちとは男と女の関係にある。このように恋というのは、複数の相手と同時にできるものだ。相手の容姿でも聡明《そうめい》さでもやさしさでもフェロモンでも、何であれ、相手のいい部分を何かひとつでも見つけて、そこに惚《ほ》れ込めば成り立つ。

相手はそれを誤解して自分のすべてに惚れ込んでくれていると思いたがる。だから、おれがその彼女以外の女性ともつき合っているとわかると、トラブルになることもある。刑務所から出てからつき合った女性の中にも、おれが同時に他の女ともつき合っているとわかって、離れていった女もいる。

刑務所から出てすぐの頃は、女性とセックスしていないと言っていたが、それはウソではないが、はじめの二ヵ月半だけだ。それからは、いろいろな女性とつき合っている。

なぜ、そんなふうに言ったかといえば、純愛相手がいたからである。今も、その女性に対しての気持ちは変わっていない。彼女とは、手を握ったこともないし、キスをしたこともない。相手には恋人がいるからだ。今のおれは恋人から彼女を奪おうとは思っていない。かつてのおれならば、強引に恋人から彼女を奪っていただろう。彼女もおれに対しては、ある感情は抱いてくれていると思っている。

彼女がおれの言う「純愛」を信じているかどうかはわからないが。

その彼女以外の女性との関係は愛ではなく、恋だ。だから、当然関係もある。相手はみな自分の子供よりも年下ばかりだが。

彼女たちは、おれが他の女性たちとつき合っていることは知っている。それをわかっている女性たちとは、恋が続いている。

なかには「私は都合のいいだけの女じゃないのよ」と言う女性もいる。そんなことは、昔から言われている。実際、恋の相手に対して、おれはそういうつき合い方をしているのだろう。だから、それは否定はしない。もし、相手がそのことに不満ならば、その女性とは別れるだけである。

女性が相手の男を独占したがるのは、セックスが絡《から》んでいるからだろう。セックスの最中、女は「愛している」と言う。また本気でそう思い込むのだろう。だが、恋する女性に対してであっても、おれはその最中に「愛している」とは言わない。それはウソをつくことになるからだ。相手を好きだから抱いているのだが、それは愛とは違うのだ。

女性には、そこのところがわからないのだろう。

おれは誰のものにもなれない

今、おれはどの女性とも同棲していない。一人で暮らしている。相手の女性のところへ行くこともないし、おれの部屋に女性を入れることもしていない。執筆《しっぴつ》のときなどに使っている都内のあるホテルで会うことが多い。毎回違う女性を連れて行くので、ホテルのフロントにはあきれられているのだろう。

おれは生活の中に女性を入れる気もないし、そんなことは許さない。もし、純愛の相手と男女の関係になるようなことがあったら、ほかの恋人たちとはすべて別れるだろうが、今のところ、そこまで踏み込む気はない。しかし、そうなって、彼女と同棲することになろうと、結婚する気はない。

「純愛」も呪縛になる。というのは、純愛の相手とは一緒にいたい、結婚したいということになるからだ。だから、純愛相手とは、このまま何もないほうがいいという思いがある。

いろいろな女性とつき合い恋をし、一方で、少年のような純愛の気持ちを持っていることに、自分で満足しているところがある。

　だからといって、おれは恋人たちを利用しているつもりはない。刑務所を出てからの恋人たちは、別れるときに、みなおれに感謝する。「楽しい思いをさせてくれて、ありがとう」と言う。

「私は都合のいいだけの女じゃない」と言う女性は、おれを自分だけの男にしたいのだ。ところが、おれは一人の女だけの男にはならない。それに満足できない女性はおれから離れていくわけだ。あるいは、おれのほうから、彼女とは別れざるをえない。

　だが、そうであっても、今は昔のような相手の気持ちを考えない別れ方はしない。

「一人の女のものにはなれない。それがわからなければ、つき合い続けられない」とはっきりと言う。

　だから、今つき合っている女性たちは、おれがそういう人間だということがわかっている。ある女性から、「春樹さんはドラゴンだから。春樹さんを〝彼〟にできる女性はこの世に存在しない」と言われたことがある。

　だから、今は女性関係がぎくしゃくすることはない。実際、今は女性を傷つけるようなことはすまいと思っている。昔は相手のことなど気にすることはなかったが、今は相手のことを考えるようになったと思っている。

だから、別れるときも、きれいに別れている。以前は、別れた女は、嫌いになって別れたので、相手に対して嫌な感情が残ってしまったが、今は、お互いに嫌な思いを抱かずに別れられるから、お互いに、好きだという感情が残るのだ。

エピローグ

ネバー・ギブアップ

敗れざる者歳月《さいげつ》に火を焚けり

（『檻』より）

生き直したい人たちへのメッセージ

これまで、おれの生い立《お》ち《た》から、やってきたこと、今手がけ、これから展開するビジネスまで語ってきた。

おれのことを創業者の息子に生まれて恵まれたところから出発したから、いろいろなことができたのだと思っている人も多くいたであろう。だが、これまで本書を読んでいただいた方には、そう単純な話ではないことはわかっていただけたと思う。

これまでのおれの人生で、何度か大きな浮き沈みの波があった。だが、どのような事態であろうと、それを乗り越えることは可能なのだ。その根源は、自分の力を信じ、自分の力をどこまで発揮《はっき》できるかにある。

誰でも時には、いろいろと行き詰まるような局面に陥ることもあろう。そこで、これまでの人生をやり直したい、生き直したいと思うこともあるだろう。

おれの場合には、これまで述べたように、若い頃の雌伏《しふくき》期を経て、ベストセラーを次々と手がけ、メディア・ミックスを仕掛けるなど、いわばトップギアで走り続けてきた。だが、一九九三（平成五年）年に逮捕されてからは、一年三ヵ月半の拘置所《こうちしょ》生活、角川書店を追放され、角川春樹事務所を設立し、さらに二〇〇一（平成十三）年からの二年五ヵ月三日間という刑務所での生活と、この十一年間は、おれのこれまでの人生の中でもっとも激しい闘争の時代であった。

この十一年間は、平凡な人生を送っている人からは、とても考えられないような激しい逆風の時代であった。だが、どのような逆風であっても、おれは必ず乗り越えることができると信じてきた。それは自分の力を信じてきたからだ。

拘置所を出て、刑務所に入る前の間（一九九四年十二月～二〇〇一年十一月）は、復活しようにも、復活のしようがなかった。コマンドとしてリングに上がっていても、ただ立っているようなものだった。

だが、もっともつらい時期であった刑務所での生活は、おれにとって人生の大きなギアチェンジになった。それは、エンジンをニュートラルに持っていくためのギアチェンジであった。そして出てからは、いきなりトップギアに入れて突っ走っている。

おれの例が一般の人たちの参考になるかどうかわからない。だが、たとえばリストラなどされたらどうするか。その程度のことなどは、おれの味わってきたことから比べれば、まったくピンチではない。

もし、そんな局面に立たされたら、それを自分の人生をギアチェンジする、絶好の機会だととらえればいいのだ。ピンチと受け取るか、チャンスと受け取るかで、これからの人生は大きく変わってくるのだ。

それは、自分の判断が、自分の価値観をきちんと持っていて前向きなのか、世間の常識と合わせて、後ろ向きになってしまうかの違いだ。問題なのは、自分のとらえ方、センスなのだ。

世間の常識に合わせてしまうと、どんどん後ろ向きになる。それでは、自分をますます袋小路《ふくろこうじ》に追い込んでしまうのだ。

それを突破するには、自分の力を信じることだ。そのためのひとつの方法は、おれが刑務所の中でお経を唱え、「我慢我慢の辛抱《しんぼう》は、大きくて強くて温かい心の人をつくるよ」「前へ前へ。どんなにつらくとも悲しくとも、いつかきっと道は開けるよ。だから前へ前へ」などと、前向きの言葉を口癖《くちぐせ》にしていたように、自分に言い聞かせるのが、非常に効果がある。悪い言葉で言えば自分に暗示をかけるのだが、日々そう心がけることで明らかに自分の中にしみこんでいくのだ。

何か悩んだり壁にぶつかっているのなら、「必ず道は開ける」と信じればいいのだ。そのくらい、自分の力、自分を守ってくれている神（宇宙意識）のような存在を信じることができれば、どんな困難でも乗り越えていけるはずだ。

人間は何のために生まれてきたかといえば、何度も言ってきたように、人生はゲームであって、人間は、その人生というゲームを十分に楽しむために、この世に生まれてきたのだ。だから、どんな状況にあっても、人生を大いに楽しもうではないか。

特別収録

193　出所直後に、角川春樹と再会した！　笑っていた。変わっていない。何一つ。

出所直後に、角川春樹と再会した！
笑っていた。変わっていない。何一つ。

福田和也

「刑務所に入って、人間というものがよく見えた。
裏切る奴と、裏切らない奴。
その、何があっても裏切らない、
本当の友情、それをまず大事にしていこう、
精神の無頼性を大事にしていこう、
と今は思っている。」

春樹帰す暗夜光路に喜雨もあり　俗

∴

これはひとつの仮定だが、一行の詩を生むために私はこれからも旅を続けていくような気がする。

（「あとがき」『カエサルの地』）

∴

今年の四月十五日、角川春樹と再会した。

約束の午後六時少し前に、「リストランテ・アモーレ」に着くと、すでに角川さんは席についていた。

前に立って、何も云《い》えなかった。

笑っていた。

変わっていない、何一つ。

平成十二年、二審判決の控訴審《こうそしん》が棄却《ききやく》された時、かけつけたオレは、角川さんが胃《い》癌《がん》だということを聞いて——その時の会話を書いた「罰《ばち》あたりパラダイス」の記事では、諸般の事情で癌とは書けず、胃潰瘍《いかいよう》になっている——、何ともいえない、泣きたい気持ちになってしまった。実刑の上に癌だなんて——そのオレに「福田、何を驚いているんだ、たかが刑務所、たかが胃癌じゃないか、そんなことで一々驚いていたら、存分に生きることが出来ないじゃないか」と逆に励《はげ》ましてくれた、その角川春樹のままだった。

「ムショから出てきたら、どんなものを食べても旨《うま》いと思ったが、そんなことはないなあ、大概マズイ、旨くもなんともない。」と、早速厨房《ちゅうぼう》の澤口を牽制《けんせい》する。

「クサイ飯を食ってきた人間にも、何の感銘《かんめい》も与えられない料理なら、作っても仕方がないだろう。驚いたのは、マズイということはなくても、みんな進歩していないことだ。一軒だけはあった。おまえは俺のいない間もきちんと精進《しょうじん》していたな、と認めたがね。」

スプマンテが、次々にそそがれ、細いグラスのなかを泡が昇天していく。再会の歓喜はすぐに大盗賊の根城《ねじろ》で繰り広げられる饗宴《きょうえん》のふてぶてしさを発揮しはじめる。

「雑居房《ざっきょぼう》に移ると、すぐに人気者になったよ。俳句クラブにも入ったしな。クラブに入らないと、俳人として活動が出来ないんだ。地元の宗匠《そうしょう》が、指導者としてやってきて、私もその先生に、お願いします、直してください、と見せるワケだな。」

「酷《ひど》いことしますねえ。芭蕉《ばしょう》を超えたとか云ってる人がそんなことしていいんですか。」

「それは私が云ってるんじゃなくて、山本健吉先生がそうおっしゃったんだ。だいたい官が悪いんだよ、そういう仕組みにしてるワケだからな、みんな網《あみ》をかぶせて規制しようとするから。そのセンセイも、他の囚人《しゅうじん》にこの人に見てもらった方がいいですよ、とか云って逃げたんだが、そのうち来なくなっちゃった。体の具合が悪くなったらしい。」

「そりゃそうでしょう。その辺の骨接《ほねつ》ぎ兼業の街道場に、ヒクソン・グレイシーが入門したようなものなんだから。」

「ハハハ、まあしょうがない、雷《かみなり》にあたったようなもんだ。」

「そんな人が、どうして人気者になるんですか、おかしいなあ。」

「福田、おまえはその辺がなんにも分ってないなぁ。ああいう、肩書きも背景も何も通じない世界では、裸一貫、人間としての迫力しか通用しない。」

「そりゃ、迫力はありますよ。止《や》めてくださいよ、睨《にら》むの。」

「うるさい、おまえこそ、降参して目を伏せろ。何しろ、私は運動会の応援団長に選出されたぐらい、人気者だったんだ。」

「角川さんと運動会って全然似合いませんね。」

「おまえなぁ、刑務所の運動会って本当に感動的なんだぞ、選手宣誓《せんせい》は、無期懲役《むきちょうえき》の奴がやることになっててなぁ、今年の宣誓は、バングラデッシュ人。一生懸命日本語覚えて……だいたい普段運動できないから、結構キツイんだよ。リレーの時なんか、最終走者だった奴が、転んじゃってなぁ、悔しくて泣くわけだ。そいつも無期だった

197　出所直後に、角川春樹と再会した！　笑っていた。変わっていない。何一つ。

けど。で、仲間の受刑者が貰《もら》い泣きしてなぐさめているわけだ、オレたちは短期だけど、またすぐに再犯で戻ってくるから、だから泣くなよ、と。」

「感動的だけど、更生《こうせい》には余り寄与していないような印象ですね。」

「更生なんかしてたまるか、俺は俺だ。」

「そりゃ、角川さんはそうでしょうけど。」

「模範囚《もはんしゆう》だったんだぞ。作業でも、一番上の等級だった。」

「どういう仕事をなさってたんですか。」

「茶巾鮨《ちやきんずし》っていうのが、あるだろう、薄焼き卵で包んだ。あれを入れる箱の組み立てだよ。」

「えっ、角川さん、○樽の折りを作ってらしたんですか。」

「そうだ。手際が良くてな、きれいで仕上がりも一番よかった。それなのに一日の労賃数十円だ。」

いつでも必要以上の気合いが入っている澤口の料理だが、今日はさらにその上に気合いがみなぎっている。角川さんのために焼き上げたローストビーフに、「旨い、ありがとう」と舌鼓《したつづみ》を打つ。

「刑務所に入って、人間というものがよく見えた。裏切る奴と、裏切らない奴。その、何があっても裏切らない、本当の友情、それをまず大事にしていこう、精神の無頼性《ぶらいせい》を大事にしていこう、と今は思っている。

まず政治家。あいつらは本当にダメだな。全部裏切った。私が収監《しゅうかん》されることになった途端にみんな逃げたよ。

それから、財界人。こいつらもダメだな。簡単に、すぐに裏切る。何の拘《こだわ》りもなく。

次に、知識人、物書きかな。こいつらも随分《ずいぶん》と裏切ってくれたよ。もちろん、森村先生や北方謙三、福田のように裏切らない人間もいる。

出てすぐに、北方と会ったんだ。会ってすぐに、アイツは『お勤め御苦労様でした』って云って。私は極道《ごくどう》じゃないぞ。会社に行った時も、そういわれたが……」

「他に云い様がなかったんじゃないですか。」

「で、そう云ってから、北方は、オレに抱きついてきて、無言で二人でずっと抱きあっていた。

一番、裏切らないのが、料亭やレストランの人たち。あいつらは、見事だった。誰一人、裏切らなかった。服役中、毎年母のもとに雑煮《ぞうに》を届けてくれた店もあったよ。」

「そうですねえ、諸井薫《もろいかおる》さんのお弔《とむら》いでも、銀座の人たちは残らず来てました。蕎麦《そば》屋のお運びさんからバーのドアマンまで。あれだけ出版界に貢献した人だったのに、物書きも編集者も、ほんの少しだけだった。」
「そうか……諸井さん、なくなったのか。」
：
カエサルの地はカエサルに源義忌
角川春樹の第一句集『カエサルの地』の表題となった一句だ。
『カエサルの地』は、劈頭《へきとう》の第一章を「熱狂乱舞」と題し、開巻の二句が

南極にて船座礁　二句
勇魚《いさな》捕る碧《あお》き氷河に神がゐて
氷海や紙ひらひらと信天翁《あほうどり》

と大柄《おおがら》な構えと、疾風怒濤《しっぷうどとう》のエネルギーが、強引なまでの結晶力《けっしょうりょく》で、高い象徴の下に刻印されている。これから途轍《とてつ》もないことがはじまるという予感が、ある種の断罪《だんざい》の宣告とともにつきつけられてくる。

それにしても、「カエサルの地」一句の禍々《まがまが》しさはどうだろう。

「カエサルの地はカエサルに」という云い回しが、新約聖書ルカ伝第二十章二十五に由来することは、誰にでも想像がつく。

かくて彼ら機を窺《うかが》ひ、イエスを司の支配と権威の下に付さんとて、その言を捉《とら》ふるために、義人の様したる間諜《かんちょう》どもを遣はしたれば、其《そ》の者どもイエスに問ひて言ふ『師よ、我らは汝の正しく語り、かつ教へ、外貌《がいぼう》を取らず、真をもて神の道を教へ給《たま》ふを知る。われら貢をカイザルに納むるは、善きか、悪しきか』イエスその悪巧を知りて言ひ給ふ、『デナリを我に見せよ。これは誰の像、たれの號《ごう》なるか』『カイザルのなり』と答ふ。イエス言ひ給ふ「さらばカイザルの物はカイザルに、神の物は神に納めよ」かれら民の前にて其の言をとらへ得ず、且《か》つその答へを怪しみて黙したり。

日々イエスを支持する民衆が増加していくことに危惧《きぐ》を抱いたエルサレムの権力者

たちは、イエスをなんとか陥《おとし》いれようと試みる。信者を装った手先を用いて、ローマへの納税を神の名によって否定させることで、支配者たるローマ人にイエスを弾圧させようというのだ。間者の問いに対して、イエスは貨幣《かへい》を見てみよ、と云う。その貨幣に刻んであるのは、一体何だ？　皇帝の肖像《しょうぞう》です、と手先が答えると、それならば皇帝のものは皇帝に納めればいいではないか、神のものだけを神に納めればよい、と。

この一節は、古来、政治と宗教の分割を正当化する原理、政教分離をイエス自身が示したものとして、政治学者、宗教学者たちによって重要視され、また、便利に使われてきた。その意図するところは分るけれども、聖書のテキストを読むかぎり、むしろ際どい云いぬけをイエスはしたという印象が強くせまってくる。実際に、神が全能の創造主であるとすれば、神のものではないものがあり得るのだろうか。

角川春樹が、「カエサルに」と云う時に、響いてくるのは、穏健かつ合理的に祭政の間に一線を引くことではなく、むしろ殉教《じゅんきょう》の危機に触れての恍惚《こうこつ》感であり、同時に狡猾《こうかつ》に危地《きち》を逃れてみせるという、図太さの発現だ。

しかし、「カエサルの物」ではなく、「カエサルの地」とは何であろうか。何処《どこ》であろうか。素直にとるのならば、それはカエサルの領土ということになるだろう。さらに付会していけば、地上のあらゆる土地、つまりは権力者、政府、法、その治安装置とそれらの諸制度に迎合《げいごう》する者たちが支配していると称する版図《はんと》すべてであるのかもしれない。区分され、整備され、管理されている領域などというものへの支配権を、所有権を自分は主張しはしないということか。自らの統《す》べるべき領土は別にある。とするならば、カエサルの土地を返還すると語っている人間は、地上の権力とは違う仕方によって、より高く本質的な法と力で支配し、所有している、そう宣言しているようにもとれる。カエサルに返してしまった後に、より高い君主として君臨することを、密《ひそか》に、任じているのだ、と。

このような言挙《ことあ》げは異様なものだが、さらにその異様さを拡大してしまうのは、下句の「源義忌」であろう。その異様を正当化するのが、父角川源義《げんよし》に対する、強い強い角川春樹の対峙《たいじ》の姿勢にほかならない。

栄光も、自尊心も、形ある全《すべ》てのものを奪われた私は、ギリシャ神話のイカロスのように地に落とされ、絶望した。真の絶望は「死」が唯一の希望となったときである。

イカロスのごとく地に落つ晩夏光

平成五年八月二十八日深夜に逮捕された時から、私は単に一一三号と呼ばれる囚人になったのである。

一一三号とわが名を呼ばれ夜の秋

秋蛍闇《やみ》より黒き手が摑《つか》む

私が「死」を求める精神状態に陥ったのは、この時が初めてというわけではなかった。父・源義との激しい葛藤《かっとう》は、父の「死」の八年前から続き、サハラ砂漠やシルクロード、パレスチナから黄金の三角地帯《ゴールデン・トライアングル》への「死」を求める冒険も、それと並行してあり続けたのである。私が自殺という行為をとらなかったのは、父の「死」の五年前に、妹・真理を自殺で失っていたからであり、自殺のアリバイに冒険による事故死を願っていたからに過ぎない。

（「生と死の間《はざま》に」『檻』）

コカイン所持疑惑で逮捕された角川春樹が、死を思うというのは理解できなくもない。出版界の寵児《ちょうじ》としてビジネスのあり方全般を一新し、若くして映画界を席巻《せっけん》した風雲児が、獄窓《ごくそう》の人となり、「栄光も、自尊心も、形ある全てのものを奪われた」のだから。しかしその死への想念が、父との「激しい葛藤」と並置されるのは、一般的な想念に収まらないところがある。強烈な父との対決が、自殺への強い欲求をかきたてるという構図は、神話的な父子の対立劇《たいりつげき》を彷彿《ほうふつ》とさせる。そのぎりぎりの対決の後に、父が死ぬという経験は、いかなる想念を角川春樹にもたらしたのか。

付言しておかなければならないのは、角川春樹が、俳句を作りだしたのが、父の死後だということだ。その俳人としての登場は、きわめて唐突《とうとつ》なものだった。「俳句作家角川春樹の出現は、一見唐突の感じがあった。突然現れて、父源義のあとを継ぎ、年功がものを言う世界に身を乗り出して来た感じがあった。」(『信長の首』跋　山本健吉)。

父の忌日《きじつ》に、カエサルの領土をカエサルに戻すと宣言する。はじめから、人間たちの世界とは別の、格段に大きく、根源的な、空間が角川春樹の俳句の舞台であり、発するのは、神話すら語りえない、神々の感慨《かんがい》にほかならない。

205　出所直後に、角川春樹と再会した！　笑っていた。変わっていない。何一つ。

海鼠《なまこ》喰ふこの世可笑《おか》しきことばかり

『猿田彦』の秀句だが、この笑いはやはり人間のユーモアではなく、魔のユーモアであり、妖のユーモアであり、神々の哄笑《こうしよう》にほかなるまい。

煮凝《にこごり》やわれに少しの妬《ねた》みあり　（『存在と時間』）

にも同趣の傾きがある。この妬みとは、何だろう。誰に対して嫉妬《しつと》しているのだろうか。存在が存在しているということ、それ自体への、懐疑と嫉妬ではないのか。

きさらぎや和菓子を包む紙の紅　（『檻』）

一見、写生句に見えるこの一句もまた、存在の輝かしさがふんだんな光の粒子が、満ち満ちている。澁澤龍彦《しぶさわたつひこ》は、高浜虚子の句をして、カントの物自体を活写《かつしゃ》していると誉《ほ》めたけれど、角川春樹は存在の妄念《もうねん》を解き放つ、後期ハイデガーの存在論を彷彿《ほうふつ》とさせる。あるいは写生といっても、物が固定しえない、素粒子が群舞する水準で写しとっている。

（『存在と時間』）

存在と時間とジンと晩夏光

∴

斎藤茂吉は、子規が晩年描いた、果物、野菜のデッサンについて、不器用ではあるが、実によく描けている、と感心している。茂吉は、自身が病後に、果物の写生を試みて、胡瓜《きゅうり》のトゲとか、豊後《ぶんご》梅の「つやつやして透きとほるやうなふくらみ」を写すことがどうしてもできなかったのに、子規はその辺をうまく、何でもないように描いていると感動している。その感心の仕方には、写生の能力についての、ほとんど絶対的な違いを認めているようなところがある。

「子規の晩年は、実にぎりぎりのところまで、その生を無駄なく使った。」（『子規果物帖』）。

∴　鶏頭の十四五本もありぬべし

今日、正岡子規の代表作として挙げられる作品だが、碧梧桐《へきごとう》も虚子も、その編んだ子規のアンソロジーのなかで、この句をとっていない。

「十四五本も」という、大雑把《おおざっぱ》な、こだわりのない、平俗な言葉の力強さに、前代と完全に決別した子規の新しさ、新しい詩の誕生を見《み》出《いだ》したのは、斎藤茂吉だった。

「子規は晩年芭蕉の句にも思わせぶりを感じ巧みを感じ厭味《いやみ》を感じたのであるが、芭蕉は新古今時代の幽玄を味わっても万葉時代の純真素朴単的の趣がわからなかつた。

そこで芭蕉には、『鶏頭の十四五本もありぬべし』の味わいがわからない。」（『正岡子規』）

∴

子規とともにはじまった決定的なこと。

身も蓋もないこと。

日常的であり、率直であり、あられもなく、あるがままの、平俗の、崇高《すうこう》さ。

○夢にては立ちて歩くこと病無き昔の如し。たま〳〵にはきのふ迄《まで》足なへなりし吾のけふ俄《にわ》かに足立ちたりと覚えて夢心地に喜ぶこともあり。斯《かか》る夢のさめたる時、もしや誠に足の立つにはあらずやなど思ひて、こゝろみに足蹈《ふ》みのばし見るもはかなき限りなり。此春迄は両足蹈みのばせば左の足の踵《かかと》は右の足のくる節に届きしを、今は左の指の尖《さき》が彼の節に触るゝばかりに縮みける。されど夢にはあらで、ふと足の伸ぶべきやうに覚えて、蹈みのべて見ては失望することすら少からず。我ながらおろかにぞなりまさりける。

○病みて臥《ふ》せる身には日和程嬉《うれ》しきはなし。朝々雨戸明けしむる時、寝ながらに外面に向きて空を窺ふ、彼方の上野の森に朝日のあたるを見れば胸の塵《ちり》一時に掃かれたる心地す。若《も》し空曇りて薄暗き時は新聞を披《ひら》きて先《ま》づ天気予報を見る。曇り後晴れなどありたらんはさすがに望みあり。
○蚊帳《かや》つれば薄暗きを厭《いと》ひて、宵の程は蚊を打ち〳〵書読み物書きなどす。たまさかにぶん〳〵といふ虫来りて顔のあたり飛びめぐるを、うるさしとて追ひやれど又戻り来つ、投げつくれど羽堅くして傷《やぶ》れず。はては腹だゝしさにそを捕へて足一つ〳〵もぎ取りて放しけるに、僅《わずか》に残りたる足のきれにてもがき〳〵少し這《は》ひありく。之を見るに俄かに哀しく覚えていかにせましと思へど、再び足をつぐべくもあらず。

（『病牀瑣事』）

∴

角川春樹が、無罪なのか有罪なのかはどうでもいい。
文学者として考えれば、どうでもいいことだ。
コカインの吸引者は、日本の近代文学者だけでもたくさんいる。
萩原朔太郎は、ほとんどコカイン中毒者だったわけだし。
折口信夫は、もっとひどかった。

弟子たちが心配して、近所の薬局に、先生に売らないでくれ、と頼んでまわったり。その頃は、非合法ではなかったから。コナン・ドイルも愛用したという、チンキ式のヤツ。

吸引のしすぎで、鼻の粘膜《ねんまく》がやられて、鼻血だらけになった原稿用紙が残っている。

折口は、角川源義の師匠《ししょう》だから、筋が通っているというのは云い方が間違っているかもしれないが、とにかく、別に非難する必要はない。

取り締まる方は取り締まる方の理屈はあって、それはそれで世の習いだ。

大事なことは、逮捕された角川春樹が、けして頭を下げなかったこと。

一切合切、理屈はどうあれとにかく罪を認めてしまって、ひたすら低姿勢に出て、恭順《きょうじゅん》の意を呈すれば、十一年もの間、この件に振り回されることはなかったろうし、長い期間、刑務所に入れられることもなかったはずだ。頭を下げるふりだけでもしておけば、執行猶予《しっこうゆうよ》がついたかもしれない。

でも、角川春樹は、謝らなかった。

昂然《こうぜん》と胸を張って、戦い続けた。

そこで、どれだけのものを失ったのか、オレは知らない。

オレみたいな、半ちくな人間には想像もつかないものを、社会的にも、経済的にも、失い、あるいは浪費せざるをえなかったか。
にもかかわらず、角川春樹は、頭を高くしたままだった。
そして、今また、昂然と立っている。
今でも、このような男がいるのだ、と思う。
勇気づけられる。

∴

芭蕉は、晩年になるに従って、自分を追い込んでいっただろう。
狭いところ、狭いところと、追い込んでいった。
子規もそうだな。子規も非常に狭いと思う。
病気のことを考えても、そうだ。
だけれども、虚子は広い。
あの広さがいいな。自分を限るということがなかった。

……

「虚子門下で、角川さんが一番高く評価するのは、誰ですか。」
「うーむ。……蛇笏《だこつ》だな、やっぱり飯田蛇笏だな。」

……

『存在と時間』の十一章、「父のくに」の一句。

芋の葉に露のあつまる蛇笏の忌

は指摘するまでもなく飯田蛇笏の代表句「芋の露連山影を正しうす」を踏まえた作であり、挨拶《あいさつ》の句として申し分のない格がある。にもかかわらずそこで収まらないのは、「露のあつまる」という発見があることであって、山脈を一粒の珠《たま》のなかに結晶してみせた、蛇笏の丈高い彫心《ちょうしん》の精度にたいして、その純粋な造型が、結晶する直前の、流動する、未分化のダイナミズムと厄介さを、つまりは蛇笏がその美しい佇《たたず》まいから排除してしまった面倒なものの蠢動《しゅんどう》を、角川春樹は写生してみせている。

∴

角川さんが、癌病棟《がんびょうとう》にいた時の話。

控訴が棄却になって、収監が決定したのと同じ頃、胃癌が発見された。

埼玉方面の、末期癌患者が集う病院に入院していた。

手術後退屈した角川さんは、女友達を呼び出して、いろんなことをしていたのだが、看護婦に、開腹手術をして、胃を四分の三も切り取った人が、そんなことをしてはいけません、とたしなめられた。

退屈なので角川さんは、行《ぎょう》をすることにした。素直な角川さんは、年若い看護婦の指示に従った。

一心不乱に角川さんが、読経をしていると、また看護婦がやってきて、この病院には、死線を彷徨《さまよ》っている患者さんがたくさんいるので、お経《きょう》を大声で読んではいけません、患者さんや家族の耳に入ると、気にされるでしょう、とたしなめた。素直な角川さんは、年若い看護婦の指示に従った。

それでも退屈していた角川さんは、病院の屋上に上がり、煙草《タバコ》を吸った。病室で煙草を吸うと、また看護婦に叱《しか》られることを、角川さんは承知していたのだ。屋上のフェンスにもたれて煙草を吸っていると、なんだか高校生に戻ったような気になって陽気になり、陽気な歌を歌いたくなった。

一つ出たホイのヨサホイのホイホイ、一人むっすめとぉ〜

角川さんが放歌高吟《ほうかこうぎん》していた、丁度その下の部屋で、今にも事切れようとしている一人の癌患者が居た。彼が、この世で最期に耳にしたのは、角川春樹のうららかな歌声であった。

極楽往生《ごくらくおうじょう》間違いなし、ということにしておこう。

∴

角川さんに俳句を見てもらった。浅草の「寿」で。

我ながら大胆《だいたん》だ。贅沢《ぜいたく》な話だ。

虚子について、とんでもないテキストを書いた寸君と、佐藤和歌子さんにつきあってもらった。澤口も来ることになっていたのだが、デリカシーが邪魔したらしく、句会には出ず、鴨《かも》を焼きだす頃に現れた。

私は二十句作って、特選が二つ。

守宮《やもり》啼《な》く悪逆春樹大笑い

猫の飯饐《す》える降服記念館

「守宮」の句は、角川さんと再会した時に作ったもので、「悪逆」が心にかなった。

「猫の飯」は、フィリピンに山下奉文《やましたともゆき》将軍の取材に行った時、マッカーサーによって高地に追い詰められた山下が、ポツダム宣言の受諾《じゅだく》とともに、投降するため現れたキアンガン高原の小学校の小講堂がそのまま記念館になっているところを訪れた時の作で、そのままの写生句であるが、むしろ虚構的面白さがある、と云われた。

その高地には、イフガオ族という少数民族が住んでいる。もう若い人たちはそうではないのだが、老人たちは古く、いたんだ民族衣装を頑固《がんこ》に着て、半裸で高地をよたよたと歩いている。それで作った「着すさびて異族の盲女ニラを食《は》み」を角川さんが訳がわからないと直してくれた。

もっと訳がわからなくなった。

……

ピラニアの異族の盲女蛇を食む

「だいたい、福田の句は、詞書《ことばが》きにもたれかかりすぎている。詞書きがないと、成立しないものが多い。あと、季語のダブリが多いな。例えば『春樹帰す人生の夏喜雨もあり』という句だが、これだと、〈夏〉も季語だし、〈喜雨〉も季語だろう。」
「そうですねえ、でも何ですよ、オレは嬉しかったんですよ、角川さんが帰ってきて、これで本当に夏が来る、人生の夏なんだって。」
「分ってる、分ってる。みんな分ってる。だから私も考えた。どう直せばいいか。それでだな、この『人生の夏』というのをだな、『暗夜光路に』に変える。志賀直哉のままでは面白くないし、そちらについてしまうので、『光』にすることでまったく意味が変ってくる。どうだ、『春樹帰す暗夜光路に喜雨もあり』。これだったら、私も泣くよ。福田の手をとって、泣きすさぶ。」

「春樹さん、一句できました。」

「ん、なんだ？」

「春樹帰す暗夜光路に喜雨もあり」

「バカモン、まあいいか、福田、ありがとう。」

日本一反省の似合わない男の「わが闘争」

福田和也

タイトルをヒトラーから借り、
エピグラフは、ナポレオン。
カバー写真は、アニー・リーボヴィッツという、
角川テイスト満載の本書（単行本当時）は、
氏にしか云えない台詞がめじろ押し。

過日、大陸が反日暴動で賑《にぎ》わっていた頃の話です。角川春樹さんが『男たちの大和』撮影のために作った、実寸二分の一の大和の写真が、彼《か》の国の反日サイトにデカデカと載《の》り、「日本は反省していない！」というキャプションをつけて怒りまくっている、という報道があって大笑いをしました。

しかも、それをまた、日本のテレビ局でとりあげて、なんとかという映画評論家が、「こんな時に、こんなものを」などと良識派ぶって嘆《なげ》いていて、これにも爆笑しました。

映画なんていうのは、ある程度の時間をかけて動いているものなのだから、こんな

時もあんな時もないだろうということもあるけれども、何よりも「反省していない」という文脈で、角川春樹にたいして、怒っているのが可笑《おか》しい。春樹さんが反省なんてするワケがないじゃないか、バカだねえ、とウンザリさせられることばかりの反日騒ぎで、唯一愉快《ゆかい》な思いをさせてもらいました。

反日騒動の少し前、山の上ホテルで、角川春樹さんのパーティが行われました。なんでも、仮釈放《かりしゃくほう》の期間が終わって、満期になった、もう保護観察も受けないでいい、というお祝いだということです。文壇《ぶんだん》というのは、世間から見れば、だいぶヘンテコな世界だと思いますけれど、こういう趣旨《しゅし》の宴というのは、寡聞《かぶん》にして先例を知りません。あとで知人にきいたら、いわゆるアチラの業界では、よくやるらしいですけど……。

集いの趣旨自体が、トンデモないものだったのですが、展開もトンデモなかった。和服を着て現れた角川氏が、「今日をもって復活します」と壇上で宣言をする。復活って、去年、仮釈放された時に『復活の日』っていう大パーティをやったじゃないですか、と後で訊《き》いたら今度は「全面復活」だということです。なんだかよくワカラナイ。

スピーチが終わると、どういうわけだかマイクをもってきて、カラオケで長渕剛の

「ジャパン」を歌いだしました。熱唱といいたいけれど、いい難い音程把握《はあく》ではありましたが、突然日本刀を抜き、振り回しだしたのには参りました。横にいた旧知の某県副知事が、「とんでもないパーティになるとは思ったが、ここまでとんでもないとは、自分の想像を完全に超えている」と云《い》い、打ちのめされていました。打ちのめすも何も、角川さんの行動を予期しようとするところに、そもそも間違いがあると思うのですけれど。

と、いうようなわけで、日本一反省の似合わない男、角川春樹の自伝『わが闘争』が出ました。もっとも御本人は、自分で書いたものでなく、インタビューをまとめたものだから、自伝ではない、もしも自分が書けば、ルソーも福沢諭吉も超えると威張《いば》っていましたが。たしかに、在世で唯一人の天才を自負する句作の鋭さは見られませんが、かえってそれだけ間口は広く、入門篇《にゅうもんへん》としてはよく出来ているのではないでしょうか。入門篇でお腹《なか》いっぱい、という人も多いでしょうが。

タイトルをヒトラーから借り、エピグラフは、ナポレオン。カバー写真は、アニー・リーボヴィッツという、角川テイスト満載《まんさい》の本書（単行本当時）は、氏にしか云えない台詞《せりふ》がめじろ押し。「お返しと仕返しはお早めに」にはじまって、現在角川書店の経営を引き継いでいる弟君については、「歴彦は現実主義と言えば現実主義なのだろう。だが、現実主義者というのは、才能がないからだ」とバッサリ。エンターテインメント路線で、角川文庫を出版界一に押し上げたときのことを回想して、「おれは出版社も映画会社もバカばかりだと思った。その考えは、今もまったく変わらない」。

出所すれば、なかなか厳しい現実が待っているだろう、とさすがの角川氏も謙虚《けんきょ》に予測していたということですが、「ところが現実はどうだったか。角川春樹の現実は、戦車をトップギアに入れて走っているような状態だ。ぶつかるべき敵が、みんな道を空けて、おれを通していく」という有様。戦車をトップギアで走らせるような人に、「亀《かめ》鳴くや何も賭《か》けない人ばかり」なんていう句を詠《よ》まれてはかないません。

「生涯不良」ということも云っていて、まあ、この頃はそういう意味のことを云う人はかなりいますが、意味あいがまったく違う。

一度離婚し、その後再婚した元夫人について、「母・照子の告別式《こくべつしき》のときに会ったが、ずいぶんと年をとったという印象だった。正直、今つき合っている女性たちから見ると、かなりのおばさんだ。世間の男たちの大半は、長年結婚生活を続け、そういうおばさんと一緒に暮らしている。だが、おれは生涯不良を貫くことで、自由に若い女性たちとつき合い続けている」。

芭蕉超え

不良というのが、なにかしらのスタイルというか、恰好《かっこう》づけではなくて、ただただ実際的な身勝手であるのが、凄《すご》いというか、やはり理解を超えています。「三十三歳でパイプカットした。つまり、『これからは、できちゃった結婚はしないぞ』という決意をしたからである」などと、表明されても困るような決意を堂々とする方ですから。しかもご丁寧に「編集部注」として、「彼の女性の好みは、われわれ友人たちの一致するところは趣味が悪いということだね」という友人のコメントが引用してあるのです。

父源義との対立についても、和解したのは父君がなくなってから十年後のことだ、と書いています。四十三歳の時、徹夜して宿に戻り、「洗面所で髭《ひげ》を剃《そ》ろうとして鏡をのぞき込んだときに、そこにまぎれもない父の貌《かお》があった。五十八歳で永眠した父を少しだけ若くした貌であったが、まるで双子の兄弟のように瓜二《うりふた》つであった。それまで、おれは父とはまったく似ているとは思っていなかっただけにショックだった」。

加えて学者、経営者、俳人という三つの顔をもっていた父にたいして、生前すでに経営者として凌駕《りょうが》し、俳人としても「父をはるかに」超えたと書いています。父どころか、芭蕉も超えていると。

「『海鼠《なまこ》の日』という句集で、おれは『芭蕉を超えた』ことを実証したと思っている。そして次の句を詠んだとき、芭蕉には負けないという自信を持ったのだ。／われもまた過客なるべし春の暮／作品としては超えたが、残念ながら、神話としては、芭蕉を超えることはできない。なぜなら、相手はすでに三百年前に死んでいるからだ」。

死んでいるからだ、という云いかたが強烈ですね。もしも、生きていれば、叩《たた》きのめしてやるのに、という猛烈な闘争心が響いてきます。

角川春樹ロングインタビュー

死ぬまで現役の編集屋なのだ！

◎聞き手＝坪内祐三

坪内　昔、常盤新平《ときわしんぺい》さんと角川さんの話になったことがあるんです。一九七〇年代初めの角川文庫のアメリカ文学ってすごいんですよ、という話で、どうしてあんなにクオリティが高かったんでしょうと聞いたら、常盤さんが、あれは角川春樹さんなんですよと。たしかに当時の文庫を調べてみると、すべての訳者あとがきに角川春樹さんへの謝辞が入ってる。きっかけはやはりロバート・エヴァンスでしょうか。ロバート・エヴァンスがアメリカで未刊の小説『ラブ・ストーリィ』を映画化して大ヒットさせますよね。そういう形で原作と映画のメディアミックスを先駆的に角川さんはやってこられた。有名な話ですけど『ラブ・ストーリィ』はかなり安い金額で版権を取得されたんですよね。
角川　そう。二百五十ドル。
坪内　それが大ベストセラーになった。今日は当時の角川文庫を七冊持ってきたんですが、たとえばトーマス・バージャーの『小さな巨人』というのは映画化されて日本でも公開された作品ですが、日本未公開の作品もバンバン刊行してます。たとえばレオナード・ガードナーの『ふとった町』は「Fat City」というのが原題で、ジョン・ヒューストンが監督したんですが、本邦未公開です。『イージー・ライダー』なんかノベライゼーションでもなく、テリイ・サザーン自身が書いたオリジナル・シナリオの翻訳《ほんやく》ですよ。こういう文庫本が当時ごろごろ出ていて、どれも角川春樹さんへの謝辞が入ってる。常盤さんの言っていたことはこういうことだったのかと。
角川　きっかけは常盤さんなんですよ。マイク・ニコルズ監督の「卒業」が公開された時、早川書房が原作をソフトカバーで出しましてね、あの当時では珍しく十万部を突破したんです。その時に常盤さんが「映画会社が宣伝してくれるから、本を宣伝するお金がかからずに済む」とぽろっと言ったんですね。「卒業」はサイモン＆ガーファンクルの有り物の曲を主題歌として使っていて音楽も大ヒットしたし映画も大ヒットした。本もソフトカバーで十万部売れた。そこから映画と活字と音楽というのが私の原点になった。当時紀伊國屋書店が文庫売上をベスト20まで発表していたんですが、一位から十位までが全部翻訳もの、それも全部私が編集した企画になりましたから。それ以降も、たとえば横溝さんの時や森村さんの時など、一位から十位まで全部角川文庫ということが何度かありましたけど、最初の取っかかりは常盤さんがふともらしたひと言（笑）。「宣伝は配給会社がするから」という。しかも『卒業』はアドバンスが二百ドルだったらしいんですよ。

坪内　『ラブ・ストーリィ』よりさらに安い（笑）。考えられないですね。

角川　翻訳ものの場合、プルーフで決めることが多かったんですが、本になっていたのにどこも版権を取ってなかったのが、フォーサイスでした。

坪内　フォーサイスだとかなり高かったんじゃないですか。

角川　いやいや、とんでもない。第一弾の『ジャッカルの日』は七百ドルくらいだった。アドバンスですよ。印税はまた別ですから。ただ、当時は今と違って段階的に印税率が上がっていく方式で、六、七、八だったかな。最高でも八パーセントでした。そのあと三作先くらいまで押えてましたから。『オデッサ・ファイル』で千ドルぐらいですよ。

坪内　でもフォーサイスは単行本でしたよね。文庫オリジナルで出すのと単行本で出すのとはどういう形で分けたんですか。
角川　今もそうですが、当時も単行本で売るほうが難しいんですよ。だから映画化しなくても、この作家ならいける、この小説ならいけると踏んだものを単行本にしていました。たとえばアイラ・レヴィンの This Perfect Day『この完全なる時代』。映画には絡《から》みませんが、『死の接吻《せっぷん》』のアイラ・レヴィンということで買ったんです。これは小松左京さんに高く評価してもらいました。フォーサイスは踏んだわけですね。この作品はかならず賞を取るぞと。そういう狙いがけっこう当たったんですよ。早川、新潮、文春、そんなところが翻訳ものを出してたから、版権はまずはその三社に行って、どこも買い手がないとうちにくる。それでプルーフや原作の初版本を読んで決める、そういう流れだったんですが、中にはプルーフもなくて紹介だけというケースもあって、『いちご白書』は「コロンビア大学が舞台の」という紹介の段階だけで取ったんです。ところがコピーの紹介と中身が違ってたんですね。小説かと思って取ったら小説じゃなくて、コロンビア大学の学生が書いたものだった。
坪内　ドキュメントみたいなものですもんね。
角川　それを青木日出夫さんに訳してもらった。映画がくるということがわかって映画のカバーにしたんです。ただ、映画はそんなにヒットしたわけではなくて、バンバンの『「いちご白書」をもう一度』で一躍《いちやく》有名になった。
坪内　「いちご白書」はカルト的な人気がありましたね。ジョニ・ミッチェルとかニール・ヤングとか、サウンドトラックの音楽がすごかったから。
角川　映画が公開された後に文庫化したんですが文庫は売れましたよ。
坪内　あの時期ってハリウッドがダメになってニューシネマが出てきて、そこからまた新しい動きが出てくる。そのあたりの作品は『ジョンとメリー』にしても『マッシュ』にしても『小さな巨人』にしても角川文庫が全部取ってましたね。
角川　安かったからね。しかしあなたはよく知ってるねえ。
坪内　角川文庫は学生時代に古本屋で百円で買っていて、なんでこんなのが当時出てたんだろうって不思議に思っていましたから。これまでに出たすべての文庫を振り返っても、この時期、七〇年代初期の角川文庫の現代アメリカ文学って一番クオリティが高いと思いますね。
角川　当時は作家に交際費が使える余裕がなかったからね。それも翻訳ものをやる大きな理由のひとつだったんですけど、映画に関係のないものもいくつも出してます。いわゆる版権の切れた名作を。
坪内　ああ。それこそ常盤さんや青山南さんたちが「ハッピーエンド通信」で紹介していたライイ・ウォイウッディの『愛の化石』とか。超マイナーな純文学の作家。その手のが角川文庫にはいくつもあるんですよね。
角川　開高健さんがそれを読んで、編集者に「いったい誰がこれをやってるんだ」と聞いたらしいですよ。「社長の息子です」と言ったら開高さんが会いたいと。それで開高さんとのお付き合いが始まったんです。そういえばフォーサイスの本を出す時、作家たちに推薦文《すいせんぶん》をもらったんですが、その作家たちというのは遠藤周作さんや吉行淳之介さんたちで、私がいろいろと手を替え品を替えてエッセイを文庫にして売っていた人たちなんですよ。
坪内　僕なんかは直撃でした。安岡章太郎さんのとか大好きでした。
角川　安岡さんのもいろんな出版社からかっぱらってきましたからね。安岡さんに「角川くん、君のことを他の出版社が泥棒・角川って言ってるぞ」と言われて、「先生、それは誤解です。うちは強盗・角川です」と（笑）。
坪内　日本の作家だと小林信彦さんがそれこそ角川さんに救われたと言ってましたね。
角川　オヨヨシリーズね。
坪内　オヨヨシリーズはものすごく売れたし、小林さんとしては思い入れのある初期の純文学三部作を入れてもらえたこと。しかもカバーが金子國義《くによし》なんですよね。だから日本文学もすごかった。

角川　つまり一人でやれることなんですよ。そういう形でしかできなかった。横溝さんなんかは忘れ去られた作家ですし、自分がやるしかなかったんです。

坪内　筒井康隆さんだって角川文庫ですよね。

角川　そうです。全部出しました。筒井さんは角川文庫になって売れてきた作家なんです。

坪内　角川文庫は装丁もポップでしたよね。新潮文庫はしゃれてるんだけど地味だった。角川のは筒井さんのにしても吉行さん、安岡さんのにしても山藤章二や和田誠の装丁《そうてい》でかっこよかった。角川春樹さんと角川文庫っていうと、横溝正史さんとか森村誠一さんのイメージが強いですけど、それ以前があるんですよね。とくにものすごい数のアメリカ文学を出していたことは強調しておきたい。

角川　実はアメリカ文学が基盤だったんですよね。他社からはキネマ文庫って揶揄《やゆ》されていたんだけど、いつの間にか全社が真似《まね》をするようになった。

坪内　新潮文庫は海外文学も含めて古典的だったんだけど、角川って日本文学が中心だったんですよね。日本文学中心の文庫に急に新しいものがどんどん入ってきたから、よけいにそのギャップが新鮮だった。

角川　五木寛之さんのエッセイ『風に吹かれて』も出しました。五木さんの最初の文庫は角川文庫なんですよ。なかなか書いてくれないんですけど、アンソロジーも作りました。
坪内　ミッキー安川（安川実）の『しるべのない道』とかも入ってましたよね。
角川　よくもご存じ。あなたはやっぱりすごいね。
坪内　いや、あれは名著ですよ。
角川　私もミッキー安川は好きでしたね。彼の書いている小説には非常に新しいものがありましたよ。片岡義男もそうですが、つかこうへいも文庫にして何冊も書かせてね。
坪内　講談社文庫の創刊が七一年、中公文庫が七三年、文春文庫が七四年と、それまでは各社が自社本を文庫にしなかったから、その間に角川で……。
角川　やるしかないと思ったんです。今のうちに取っておかないと手遅れになる（笑）。ただ、企画会議をしても通らないんですよ。父が社長ですから、いかに父に黙って出すか、いかに父を騙《だま》すかということばかり考えてましたね。エンターテインメントを出すって説明したら、もう終わりなんです。エンターテインメントってなんだと聞かれても、娯楽《ごらく》小説でもなければ大衆小説でもない。「エンターテインメント」がまだ独立した言葉として成立していない時代でしたから。説明をしろと言われても事象的《じしょうてき》な説明しかできない。すると、とんでもない。それで終わりです。だからもう企画会議には出さないようにしようと（笑）。

坪内　「ザッツ・エンタテインメント」というミュージカル映画が七四年ですから。それまではエンターテインメントという言葉は一般の人の間ではあんまりポピュラーではなかったんですよね。

角川　ポピュラーじゃなかったですね。角川ホラー文庫を出す時も、当時はホラーという言葉はなかったんですよ。映画でも怪奇映画ですよね。「サスペリア」とか。『吸血鬼』にしても怪奇《かいき》小説か伝奇怪奇小説。それでホラーって言葉が生まれるまで社内で募集したんです。ところが、ろくな言葉が出てこないんだ。カルト文庫とかね。で、お前ら全然、わかってない。これは角川ホラー文庫でいいんだと。

坪内　角川さんのネーミングだったんですね。

角川　まだ角川書店の社長だったからね（笑）。ホラー文庫を立ち上げる時、小松左京さんの「くだんのはは」もラインアップに入れたりしてたら、遠藤周作さんがいったい誰がこういうものを企画しているんだと。で、うちの社長ですと答えたら、やっぱりかと（笑）。彼もホラーの時代が来ると予言していたんですね。でもそんなことは映画の流れを追えばわかるんですよ。「ローズマリーの赤ちゃん」以降、「エクソシスト」もそうだし、これからはホラーが主流になってくるというのはわかるはずなんです。そこから鈴木光司の『リング』も出てきた。しかし他の出版社の編集者は目を付けませんでしたね。あれほど優れた視点を持っていた常盤さんにしてもそうでした。
坪内　常盤さんはホラーとかSFにはあまり興味を持ってなかったですよね。
角川　逆にニューヨーカー派の作家たちが面白いと教えてくれたり。角川文庫にもずいぶん入れました。サリンジャーの『フラニー・ズーイ』も入れましたけど、それも、もっぱら常盤さんの影響ですね。翻訳といえば、テリイ・サザーン『キャンディ』を訳してる高杉麟《りん》。もちろんペンネームですが、高見浩さんなんですよ。これが彼の最初の翻訳なんです。高杉晋作が好きで、そこからとったらしい。まあ、そのころは翻訳者といっても、フォーサイスの篠原慎とか、テレビの吹き替えはやっていても翻訳はしたことがない。そういう人間まで動員してやってましたね。
坪内　でも、七〇年代になるとアメリカと日本の距離がちょっと近くなりますよね。六〇年代はバンドエイドとかクリネックスとかもわからないんだけど、七〇年くらいになるとわかるようになってくる。それにしたがって翻訳の質もかなり上がってますよね。常盤さんはパンパースが七〇年代後半になってもわからなかったんですよ。七九年にニューヨークに行った時に、今の奥さんとお嬢さんがまだ赤ちゃんで、パンパースが紙おむつだってことを知ったと。

角川　それは面白いね。日本にないものは翻訳者がわかっていても日本語にして通じないことがあって、当時はいちいち脚注を入れざるをえなかった。

坪内　僕は片岡義男さんの翻訳がすごく好きなんですけど、片岡義男さんは英語そのままですよね。日本語に変えない。あれがまたいいんですよ。

角川　片岡義男はテディ片岡の名前でエッセイを書いてる時に面白いなと思ってね。晶文社の『ロックの時代』を読んだり、五木寛之さんとの対談を聞いたりしているうちに、彼に小説を書かせたいと思ったんです。

坪内　角川文庫オリジナルの『ビートルズ詩集』がいいんですよね。直訳なんだけど、普通の人にはできない直訳で。

角川　これも私が頼んだものですね。当時は思ったよりも売れなかった。たぶん今のほうが売れるんじゃないかな。彼に最初に翻訳をやってもらったのはジェリー・ホプキンズの『エルビス』ですよ。なかなかスケジュール通りに上がってこなくて、ずいぶんせっついたんだけど、あとがきを読んで、間違いない、この人間は作家になれる、作家にしたいと思ったんです。

坪内　角川文庫って不思議なのが入ってましたよね。田中小実昌《こみまさ》さんの小説集も、角川でしか読めなかったんですよね。
角川　売れませんでしたけどね。
坪内　そうですか。僕は好きだったけどなあ。ジャケットがよかった。アメリカってペーパーバックはかっこいいんだけど単行本は装丁からなにからすごくダサいじゃないですか。ペーパーバックになるまでに一年半くらい待たなきゃならない。そういう時代に角川文庫はいきなり手軽で廉価《れんか》な形でかっこいいものを次々に出していた。それはアメリカに先んじてましたよね。七〇年代の角川文庫は本当にすごいですよ。
角川　それはありがたいことです。一人しかいませんでしたからね、とにかく。やってるのは一人ですから（笑）。
坪内　だからよかったんじゃないんですか。出版の世界って民主主義だとつまらないから。
角川　そうそう。ＳＦも全著者を一人でやりましたし、ミステリーも全部一人でやってました。本屋さんからすると、編集者がたくさんいるんだなと思われたらしいんですよ。一人でやってるって言うと、みなさんびっくりしてました。月に十冊以上作ってましたから。
坪内　すごいですね。あと伝記のシリーズも面白かった。チェ・ゲバラとかホー・

チ・ミンとか。

角川　それも私がやってました（笑）。もともとは書籍編集部の前に伝記の企画をやってたんですよ。それは後に「世界の人生論」というシリーズとして形になったりもしましたが、これからは伝記が面白いんじゃないかとか、詩集でベストセラーを作ることができるんじゃないかとか、常に考えていたんです。編集部の前に出版部というところにいまして、出版部で私が最初にやったのは、角川文庫の重版。重版担当として、今、何が売れているか、データを取って売れ行き調査を始めたんです。

坪内　それは勘《かん》が磨《みが》かれますね。コンピュータで数字を見ても勘は磨かれない。

角川　コンピュータというか、過去のデータが役に立たないというのは一貫してるんですよ。過去に売れたということは、今の現実の世の中には当てはまらないということなんです。しかしその一方でロングセラーというのもある。その当時でも詩集は年に一回重版するくらい。今のうちの会社でもそうです。年に一回か多くて二回。それを見て、文庫サイズだから年に一回くらいしか重版しないけれど、全集にしたら売れるんじゃないかと。でも全集でやっても売れなかった。それならかっこいい形にして女性読者にターゲットを絞って売ればいいと企画会議に出したら、親父からおまえは詩を愛してないと（笑）。

坪内　ははは。

角川　それで親父が私に対抗して『現代詩人全集』という脚注つきの全集を出したんです。二千部作ったんだけど、ほとんど売れなかった。私が作った『カラー版世界の詩集』というのは、平均二十万部以上売れましたから。

坪内　『世界の詩集』にはソノシートをつけましたよね。あの発想は早かったんじゃないですか。

角川　ものすごく早かったですね。ようするに映画を作るのと同じ発想になるんですが、その時のキャッチフレーズが「見て読んで聞く」。カラー印刷でソノシートがついている。ソノシートは単なる朗読《ろうどく》ではなくてバックに音楽を流しています。外国の有名な詩は曲がついている場合があるんですね。たとえばゲーテなら「野ばら」とか。そうでなかったら曲を作っちゃおうって、曲をつけてる。その時に、やっぱり物を売るというのは自分の発想だと思ったんですね。もともと出版社を企業として成り立たせようという考えで入ってきたわけですから、発想の原点が違っていたんですよ。

坪内　角川書店に入る前は創文社に半年いらしたんですよね。

角川　ええ。その前に取次の栗田書店に半年いて、返品倉庫で作業していました。創文社はその当時、今は北の丸公園になっている、元近衛兵のアパートにありまして、実はある時期、父がそこで角川書店を営んでいたんですよ。その関係で私が半年世話になることになったんです。

坪内　創文社で具体的に創《つく》られた本とかはないんですか。

角川　ありません。丁稚《でっち》みたいな感じで、毎週月曜日は始業時間の一時間前に出社して社内の掃除をしたり、雑用係をやってました。当時は創業者の久保井理津男さんが社長で、久保井さんの講義を週に一度受けたり、いろんな出版社の社長や、かつて社長をやっていた人に会って話を聞いたりしてました。のちに筑摩書房を再建された布川角左衛門さんに読みなさいと言われて読んだスタンリー・アンウィンの『出版概論』に出てくる「出版事業ほど、興《おこ》すのは簡単で、継続の難しい企業はない」というフレーズは今でも印象に残っています。継続は力だというのは出版に限った話ではないですが、私の中では、死ぬまで現役の編集屋でいたいという気持ちが強いですね。

坪内　書籍編集局局長という肩書が今の名刺に記載されてますがこれは？

角川　二カ月くらい前からですね。編集の現場に復帰しました。角川春樹事務所創設のころは編集局長を兼務していたんですが、刑務所に行くことになって、編集局長もおりて、社長もおりた。別の人間を立てていたんですが、再び編集の最前線に立つことにしたわけです。

坪内　じゃあ、自ら企画を立てたりもするんですか。

角川　けっこうありますよ。編集者から上がってきたものを見て作者に会ってみようということもあれば、編集者にアポを取ってもらって売れてる作家と食事をすることもあります。それで執筆《しっぴつ》依頼、食事をするというのは書く覚悟《かくご》で来てますから、大体は詰めさせてもらってます。ただ飯食っても意味ないですからね。基本的には趣味ではやらない。売れてるという現実を背景にしか考えない。今は、ですよ。生き延びることが大事ですから。生き延びることが大事な時代になると、やっぱり復帰するしかないんですよ。営業ももちろんやります。むしろ刑務所を出てからは編集よりも営業をしてました。それで掘り出した作家が何人もいます。まったく無名の著者を売っていく。これもやっていますが、今は編集局長としてすべてを自分がやっていこうとしています。

坪内　七〇年代角川文庫の時代に戻るわけですね。

角川　そう。そのためには自分がもう一度野性を取り戻さなければいけない。つまり私が安岡さんの前で偽悪的《ぎあくてき》に、先生誤解です、強盗・角川です、と言ったようにね。そういう強引さが必要なんですよ。

文庫版としてのあとがき

私の父・角川源義《げんよし》は、日本が敗戦となった八月十五日に、次の短歌と俳句を詠《よ》んだ。

向日葵は陽にそむきつつ咲きにけり
国敗れたるを誰《たれ》と嘆かむ　　源義

敗戦の日や向日葵すらも陽にそむき　　源義

角川源義は、富山師範校舎を本部とする新設部隊の馬兵として敗戦の日を迎えた。それは源義個人としても、人生の最大の出来事だった。源義は、太平洋戦争を聖戦として捉《とら》えていた。昭和十七年五月に刊行された初の著作となる『悲劇文学の発生』の「あとがき」には、次の一文が書かれている（原文は旧字旧かなづかい）。

昭和十六年十二月八日。この日は日本民族の永遠に記憶すべき日であった。殊に私にはこの日は感銘が深い。私達は急に繰上げ卒業となって、さらでだにあわただしい師走八日の朝。私は大学卒業生のための臨時壮丁検査をうけに区役所への凍《い》て道を急いでいた。其の時ゆくりなくも聴いた朝のラジオが、日米英交戦状態に入るという、あの歴史的な放送を行うていたのである。

この日私は第二乙種合格者として、軍人《いくさびと》となった。

遺稿集の序文はシンガポール落城の日、シンガポールで書くのだと云うた私は、その友をすでに戦野に送り、シンガポール落つるの日、中国留学生の教師として、中国の若人のうちに、新に湧き起った日本民族への強い信頼と歓喜とに満ちた、まなざしに取りかこまれて、まぶしいような感激のうちに、我が身を置いていたのである。

昭和十七年四月四日　　　　　　　　角川源義

昭和十七年一月、源義は東亜学校教授となった。東亜学校というのは、在日中国人留学生に、日本精神・日本文化を教えるという目的で設立された特殊《とくしゅ》な学校であった。

昭和十八年一月四日、源義は金沢輜重《しちょう》連隊に入隊。源義は、わずか一か月半いただけで、除隊になった。その後、昭和十九年九月、源義は私立城北中学（現、城北高校）の教諭《きょうゆ》となった。

昭和二十年四月二十九日、源義のもとに二度目の召集令状《しょうしゅうれいじょう》が届き、富山の新設部隊に入隊し、彼《か》の地で敗戦の日を迎えた。源義は復員し、城北中学に復職したが、二ヵ月で教職を辞し、敗戦の年の昭和二十年十一月十日に、東京都板橋区小竹町二六九〇番地（現、練馬区小竹町二－六三－一〇）の自宅の応接間を事務所として角川書店を創立した。太平洋戦争をアジア民族の解放の聖戦と捉《とら》えていた源義は、再び教壇《きょうだん》に立つことを潔《いさぎよ》しとしなかったのである。出版業を始めようという決意について、後年、次のように語っている。

私が出版をはじめたのは、昭和二十年の十一月でした。昭和二十年に、軍隊で終戦の知らせを受けたのです。これから、日本という国はどういうふうになるのかな、と暗澹《あんたん》とした思いでした。これからの日本で自分は役に立つことが出来るだろうか。そのとき私は学校の教師をやっていたわけですけれども、学校の教師として教壇に立つよりも、出版人として、出版を通して美しい日本、なつかしい日本というものを人々に語りかけたいと、そう思い、私の大学の後輩たち、二、三人と仕事をはじめたわけです。

源義の発刊の辞や後の月　藤岡勢伊自

右の句は、私が主宰《しゆさい》している俳誌「河《かわ》」の同人の一句である。前述の源義の思いは、「角川文庫発刊に際して」の、次の一文に結実している。

第二次世界大戦の敗北は、軍事力の敗北であった以上に、私たちの若い文化力の敗退であった。私たちの文化が戦争に対して如何に無力であり、単なるあだ花に過ぎなかったかを、私たちは身を以て体験し痛感した。（中略）一九四五年以来、私たちは再び振出しに戻り、第一歩から踏み出すことを余儀なくされた。これは大きな不幸ではあるが、反面、これまでの混沌・未熟・歪曲の中にあった我が国の文化に秩序と確たる基礎を齎《もた》らすためには絶好の機会でもある。角川書店は、このような祖国の文化的危機にあたり、微力をも顧《かえり》みず再建の礎石たるべき抱負と決意とをもって出発したが、ここに創立以来の念願を果すべく角川文庫を発刊する。（略）

源義にとっては、敗戦が出版社を興《おこ》すという強い動機となったが、私の場合は平成五年八月二十八日に、麻薬取締法違反の容疑で千葉県警に逮捕されたことが、父の敗戦に匹敵する人生最大の出来事であり、出版人としての再出発の契機となった。その結果、私は千葉南署の留置場と千葉刑務所の拘置所《こうちしょ》で一年三ヵ月半にわたる拘置所生活を余儀《よぎ》なく過すことになった。その間、獄中では毎日俳句を作り、平成六年十二月十三日、仮釈放《かりしやくほう》となって仮出所するまでに五百冊を超える書物を読破する機会を得た。平成七年十月に獄中句集『檻』が刊行されたが、逮捕された時の句が次の作品である。

イカロスのごとく地に落つ晩夏光　　春樹

千葉拘置所を仮出所した日の句が次の作品。

獄を出て時雨の中を帰りけり　　春樹

仮釈放の直後に、本文中に登場する友人の武富義夫から、次のことを質《ただ》された。

「角川、お前には二つの道がある。今後、詩人として生きていくのか、再びビジネスに復帰するのか？」

私は、即答した。「敗者のままで生きて行くことは出来ない。おれはかつてボクサーだった。最終ラウンドのゴングが鳴るまで、おれは闘い続ける」と。

それが句集『檻』の中の、次の一句だ。

敗れざる者歳月《さいげつ》に火を焚けり　　春樹

平成八年十月一日。私は東京都千代田区神田神保町三－二七　二葉《ふたば》第一ビルに角川春樹事務所を設立した。作家・髙田郁さんの『みをつくし料理帖』に登場する主人公・澪《みお》が働く、俎橋《まないたばし》の料理店「つる家」の近くである。

今年の平成二十八年十月一日は、角川春樹事務所にとって創立二十周年に当たる。昨年、父・源義が創立した角川書店は七十周年となり、源義の死後四十年となった。昭和五十年十月二十七日（月曜日）、午前十一時五十八分、角川源義死去。それは秋晴の日だった。

昨年の源義の命日に、次の作品を詠んだ。

秋晴の寂しい駅に父がゐる
身に入むやおのれに遠き風のこゑ
ゆく秋やひとに淋しき足二本
鶏頭に夕日とどまる源義《げんぎ》の忌
源義《げんぎ》が死んだ。マルボロを吸ふ　春樹

私が二十四歳で企画・編集した『カラー版世界の詩集』全十二巻で始まった編集者生活も五十年の節目を迎え、残りの人生をどう生きるのか、考える年齢ともなった。

私は毎朝、自宅の神前と会社の産土《うぶすな》神社である築土《つくど》神社の神前で、次の祈りを捧《ささ》げている。

「野性を取り戻し、荒魂《あらみたま》を復活させ、激動の出版界にあって、生き残り勝ち残ることを誓います」

十一年前に出版した『わが闘争』を文庫として再び世に出す決心は、「あとがき」に述べた以上の理由による。

私の着地点は、死ぬまで現役の編集者として生きること。

生涯《しょうがい》、なにものにも屈することなく不良であり続けること。
私は自分が二流の経営者であり、二流の俳人であると覚悟《かくご》して前へ進むこと。
即《すなわ》ち、父・角川源義の志《こころざし》を受け継ぐことが、今、私の喜びとなっている。

平成二十八年六月二十八日

角川春樹

解説

水橋駅考
～本を商い、作家を育てるひと～

高田　郁

その日、私は水橋《みずはし》駅のプラットホームに居た。水橋駅は旧北陸本線、今はあいの風とやま鉄道、という路線にある静謐《せいひつ》な佇《たたず》まいの駅だった。平成二十八年二月十八日、北陸は浅い春を迎え、優しい薄藍《うすあい》の空に雲の姿はない。東南には純白の立山連峰《たてやまれんぽう》が迫る。富山行きの列車が止まる上りホームのベンチは、透明の風よけで囲われ、陽《ひ》だまりの温かさだった。そこに腰かけて、一行の詩を想《おも》う。

小鳥来る駅のベンチに姉おとと

角川春樹氏の一行詩集『夕鶴忌』の中の一作で、「六十年前の富山の水橋駅に辺見じゅんと」の添え書きがあった。

初めてこの詩を読んだ時、秋の季語が用いられているはずなのに、何故《なぜ》か、降り注ぐような蟬《せみ》しぐれと、木製のベンチに並んで座る幼い姉弟の小さな背中が見えたように思った。そんな感想を氏に伝えれば、

「東京から父が戻るのを、姉とそうして待っていた。麻の背広に帽子を被《かぶ》った父の姿が見えるのを、今か今かと待っていたんだよ」

と話してくださった。

本編によれば、昭和二十四年、氏が小学校二年生だった夏休みに水橋へ来て、秋からは姉とともに地元の小学校に編入した、とある。

夏から春にかけて、姉弟はそうやって駅のベンチで過ごしたのだろう。

父の駅木《こ》の実《み》しぐれとなりにけり

（『夕鶴忌』）

帰らざる父待つ駅の赤のまま
（『男たちのブルース』）

別々の詩集に収められた三つの詩に触れる度、水橋駅に心惹《ひ》かれてならなかった。

かつて漫画原作者をしていた私は、鉄道にまつわる作品を手掛けたこともあり、随分と色々な路線を旅していたが、富山を訪れたことは一度もなかった。鉄道路線図を眺めては、いつか行ってみたい、と望みつつも実現できないままだった。

今回、氏の『わが闘争』の解説をご本人から依頼された時、私はその本を未読だったにも拘《かかわ》らず、短慮にも、

「おかしらさま（私は角川春樹氏をこう呼ばせて頂いている）のチャーミングな側面を描けたら良いなあ」

と考えて、引き受けさせて頂いた。ところが、本編の第3章を読み進めるうちに、

「とても私ごときに書けるものではない」と頭を抱えることとなった。

妹真理さんの自死の事実は、氏自身から早い時期に伺《うかが》っていた。また、福田和也氏の著書『春樹さん、好きになってもいいですか。』（本書にも抜粋収録）を数年前に読

んでいたため、角川家の歴史についてぼんやりとした輪郭《りんかく》は把握《はあく》していた。けれど、詳細に綴《つづ》られた本編、ことに角川源義氏の実像を知るに至って、流石《さすが》に言葉を失った。解説など到底無理だ、と思ったその時に、先の一行詩がぽん、と頭に浮かんだ。矢も楯《たて》も堪《たま》らず、『わが闘争』の文庫本用のゲラを抱えて、水橋に向かうことにした。

水橋は、「延喜式《えんぎしき》」（九二七年完成）にもその名が見受けられる水郷《すいごう》であった。水橋駅のある辺りは、昔は常願寺川《じょうがんじがわ》の流れの中に在ったが、明治二十六年の分川工事により埋め立てられた。宅地となったのは、それ以後のことだ。

現地の図書館で入手した昭和二十年の住宅地図には、水橋駅の、丁度待合室の向かい側あたりに、「角川源三」の名が記されていた。源三氏は、春樹氏の伯父《おじ》（父源義氏の兄）にあたる。また、少し時代はずれるが、昭和二十九年の水橋駅ホームの写真を見つけた。松の木がまばらに植わる、もの悲しさの漂う姿だった。資料を頭に刻んで駅に戻り、上りホームのベンチに座ってゲラを開く。そのまま第3章を読んだ。それまでに幾度も読んでいたが、衝撃は薄れることはなかった。

私事になるが、亡父は大変な読書家で、昭和三十二年から刊行の始まった「現代国民文学全集」を揃《そろ》え、宝物のように愛読していた。父を虜《とりこ》にした本の正体を知りたくて、長じてから私も幾度かそれらを開いた。発行者の名が角川源義氏だった。出版人として、あるいは学者として抱いていた高潔な人物像は、しかし、本書によって見事に打ち砕かれる。

このひとの娘であったなら、このひとの妻であったなら、と辺見じゅんさんや真理さん、照子さんに思いを寄せれば苦しいばかり。さらに、「おまえはおれの子ではないかもしれん」としみじみ告げられた息子の立場に立てば、声を失うしかない。突き付けられる重い事実に幾度かゲラを放して立ち上がり、立山連峰を仰《あお》ぎ見《み》た。

真白な雪を抱いた山々の勇姿は、ひとを励ます力があった。街並みが変わり、駅の姿が変わり、住むひとが変わったとしても、この光景だけは変わらない。そう思った時、六十年以上の時を超えて、陽だまりのベンチに姉弟の姿が蘇《よみがえ》るようだった。

角川春樹氏は、幼い日、姉とともにこの場所で父の帰りを待っていた。その父も、そして姉も、もうこの世のひとではない。残された者の度《ど》し難《がた》い孤独を想う。

けれど、と私はベンチに座り直し、ゲラを膝に置いて開いた。源義氏の死から十年後の命日、徹夜明けで鏡を覗《のぞ》き込んだ春樹氏は、そこに父親の貌《かお》を認める。瓜二《うりふた》つの貌を見て、氏は父との和解を果たした、と本編には綴られていた。

この場所を訪れるまで、私には、まだ春樹氏の心が、幼い日の心が、この水橋駅のベンチに残っているように思われてならなかった。だが、おそらくそうではない。

解説を私に依頼される前に、角川春樹氏は身近な出版人（ご高齢で亡くなられたが、死の直前まで編集者として務めておられた）の例を挙げて、こう仰《おつしゃ》っていた。

「私も死ぬまで現役の編集者でありたい」

氏が角川春樹事務所を創業して、今年で二十年。『わが闘争』を刊行されて十一年、さらに父の源義氏の逝去《せいきょ》から四十一年が経つ。

あの日、水橋駅のベンチで父の帰りを待っていた少年の想い、父親の愛情を請い続けた少年の想いは、源義氏の存命中は報われることはなかった。けれど、その没後に角川春樹氏は彼なりに父と和解し、さらに長い長い歳月をかけて、角川源義氏の志を受け継ぐこと、「編集者として生き続ける」という結論に到達されたのだろう。報われなかったその想いは昇華《しょうか》され、水橋駅に残ることは最早ないのではなかろうか。

氏の名刺の肩書は「書籍編集局　局長」で、編集の最前線に立たれている。

先にも触れたが、福田和也氏の著作『春樹さん、好きになってもいいですか。』は、鋭い切り口と、遠慮のない表現でありながら、福田氏の春樹氏に対する愛情が溢《あふ》れてとても快い。本作の収録部分だけでは惜しいので、是非ともお手に取ってお読み頂きたい。作中、春樹氏と福田氏の対談で、書き下ろし文庫に関する話が出てくる。出版社が新しい作家を発掘せずに、書き手を奪い合っている現状が春樹氏の言葉として記されていた。

初めてこの記述を目にした時、私は自分が角川春樹事務所に発掘されたのだ、とつくづく思った。他社から『出世花』という作品でデビューを果たしてはいたが、無名の駆け出しの作家で終わるはずだった。だが、そのデビュー作を読んで、角川春樹事務所の編集者がふたり、わざわざ関西まで会いに来てくれて、それが「みをつくし料理帖《りょうりちょう》」シリーズへと繋《つな》がる。まさに発掘というより他ない出来事だった。

ところで、本編で「売れない著者は著者ではない」という記述がある。この部分だけを切り取ってあたかも拝金主義のように曲解されると切ないので、私が経験したことを補足させて頂く。

作家が十人いれば、小説作法は十通りある。先の展開を決めずに書き始め、話を転がして行ける作家もいれば、最初からきっちりと設計図を作る作家もいる。私は後者で、初めから「みをつくし料理帖」シリーズは全十巻、最終巻のタイトルは『天《そら》の梯《かけはし》』と決めていた。

シリーズ作品の人気が出れば、版元《はんもと》から引き延ばしを要請されるのが世の常《つね》であろう。けれども、角川春樹氏は、

「髙田さんが最初に決めた通りでかまわない」

と仰って、決して引き延ばしを望まれなかった。そればかりか、シリーズの途中で別の作品を手掛けることを望む私に、「良いよ」と快諾《かいだく》して、シリーズを休むことを許してくださった。出版社として発掘しただけでなく、春樹氏はその手で私を作家として大切に育ててくださっているのだ。それゆえに、私は氏のことを「おかしらさま」と密《ひそ》かに呼ばせて頂いている。

また、札幌でサイン会を行った際に、その店の店長さんが、こんな話を聞かせてくださった。

「ある時、角川春樹さんがゲラを抱えて現れて、『良い作品だから読んでほしい』と仰ってね。それが『八朔《はっさく》の雪』でした。以来、ずっと応援させて頂いています」

さらに別のサイン会で、定年退職された元書店員さんから、

「他社で出た髙田さんのデビュー作『出世花』を角川さんから手渡されて、『このひとはきっと伸びる。うちで書いてもらうので、応援してください』と仰ってました」

と、伺った。

何処《どこ》の世界に、無名の新人のゲラを抱えて自ら書店を回る社長がいるだろうか。他社で出版された本を手に、ひとに薦《すす》めて回る社長がいるだろうか。漫画原作者時代を

含めて長く業界に居るが、そんな話は見たことも聞いたこともない。

種はそれのみでは発芽することは出来ない。土壌《どじょう》に蒔《ま》かれ、水を与えられ、陽射《ひざ》しの恵みを得て、漸《ようや》く芽を出せる。枝葉を伸ばして、花を咲かせ、やがて実を結ぶ。作家も同じではないだろうか。少なくとも私は、おかしらさま、と呼ぶひとに見出《みいだ》され、今現在もそうやって育てて頂いている。

新しいシリーズ「あきない世傳《せいでん》 金と銀」の第一巻にあたる『源流篇《げんりゅうへん》』を読まれて、角川春樹氏は、

「『商《あきな》いは信用第一』と言っていた祖父の言葉を思い出したよ」

と、懐かしそうに仰った。

氏の故郷、水橋は「富山の薬売り」で知られた土地であり、またご先祖は魚や米を商った、と伺っている。出版社は本という商品を商うところだ。そこにも信用第一、という考えは息づいているだろう。

まこと、角川春樹というひとは、信念を持って本を商い、作家を育てるひとに違いない。こうした存在こそが、本に関《かか》わる全ての者を真に勇気づける。


（たかだ・かおる／作家）

ハルキ文庫

か 1-7

わが闘争《とうそう》

著者 角川春樹《かどかわはるき》

2016年7月18日第一刷発行

発行者 角川春樹

発行所 株式会社角川春樹事務所
〒102-0074 東京都千代田区九段南2-1-30 イタリア文化会館

電話 03(3263)5247(編集)
03(3263)5881(営業)

印刷・製本 中央精版印刷株式会社

フォーマット・デザイン 芦澤泰偉
表紙イラストレーション 門坂 流

ISBN978-4-7584-4014-1 C0195 ©2016 Haruki Kadokawa Printed in Japan
http://www.kadokawaharuki.co.jp/[営業]
fanmail@kadokawaharuki.co.jp[編集] ご意見・ご感想をお寄せください。